杨三角丛书

变革的基因

移动互联时代的组织能力创新

杨国安 李晓红 著

中信出版集团 · CHINACITICPRESS · 北京

图书在版编目（CIP）数据

变革的基因：移动互联时代的组织能力创新 / 杨国安，李晓红著. —北京：中信出版社，2016.8（2022.6 重印）

ISBN 978-7-5086-6457-6

I. ①变… II. ①杨… ②李… III. ①移动通信 – 互联网络 – 应用 – 企业管理 – 组织管理学 – 研究 IV. ①F272.9

中国版本图书馆 CIP 数据核字（2016）第 162090 号

变革的基因：移动互联时代的组织能力创新

著　　者：杨国安　李晓红

策划推广：中信出版社（China CITIC Press）

出版发行：中信出版集团股份有限公司

（北京市朝阳区惠新东街甲 4 号富盛大厦 2 座　邮编　100029）

（CITIC Publishing Group）

承 印 者：北京通州皇家印刷厂

开　　本：880mm×1230mm　1/32　　印　　张：13.5　　字　　数：180 千字

版　　次：2016 年 8 月第 1 版　　印　　次：2022 年 6 月第 18 次印刷

书　　号：ISBN 978-7-5086-6457-6

定　　价：58.00 元

目 录

序一

组织能力的
时代应变和创新

马化腾/腾讯董事会主席兼首席执行官

2008年，腾讯刚刚10岁，营业收入正在向10亿美元冲刺，业务范围、人员数量都在快速扩张，给腾讯的年轻管理团队带来了很大挑战。当时，公司非常需要一位资深的管理专家对管理团队进行支持、对公司人力资源体系化建设赋能。

恰逢这一年，我通过Martin（腾讯公司总裁刘炽平）认识Arthur（杨国安教授），并得知他不但是一位兼具理论基础和实战经验的管理专家，也保持着对新兴产业和最新管理理念的强烈兴趣，几顾茅庐之后，Arthur成为腾讯的高级管理顾问，开始了我们延续8年的愉快合作。

2016年公司营业收入达到了158亿美元，有幸成为一个可以服务10亿人的互联网平台。在成绩的背后，公司经历了产业风云变幻、战略和组织的多次重大调整、产品的无数次迭代更新，这一切也离不开公司人才体系的与时俱进和组织能力持续提升的有效支撑。

其中，有两方面特别值得一提：

一方面，互联网行业没有传统行业的资源壁垒，唯一宝贵的资源是人才，以及由人才打造的优质团队和组织能力。腾讯这些年的人才体系建设由相当薄弱到日臻完善，也一直能够匹配好战略和业务需求，Arthur作为其中的关键角色之一，无论是在人才的选育用留，还是在高管和中干的培育方面，都起到了很好的导师作用。

另一方面，互联网行业唯一不变的是变化，在这种无时无刻发生的剧变当中，一个公司的传统优势往往只能保证自己引领风骚一两年，战略、产品必须主动快速应变，否则就会随时掉队，组织能力也必须实现与时俱进。在这方面，Arthur扎根一线，带领团队钻研世界互联网管理实践的前沿，探索适应互联网行业、适应腾讯的管理理念，并且取得了很多理论和实践成果。

近几年，腾讯进一步明确了开放平台和生态战略，我们的朋友圈不断扩大，增加了大量优秀的合作伙伴，现在腾讯已经把半条命交给了他们。在这个过程中，Arthur主动带领了一支特种部队“走出去”为他们服务，从当初只为腾讯内部组织能力建设和人才培养，到为整个生态保驾护航，支持众多战略伙伴的组织管理提升，对腾讯生态的繁荣和发展有显著贡献。

Arthur在他的新书中探讨的是在“互联网+”大背景下移动互联时代的组织能力创新，这里面包含了几层含义：第一，它有互联网特质的内容，包含腾讯在内互联网企业的管理实践可能对读者有一定参考意义；第二，谈到“互联网+”，很多是“传统行业+互联网”，Arthur过去很多的传统行业经验肯定大有裨益；第三，也有很多是“互联网+传统行业”，Arthur现在支持的京东、滴滴出行、美团点评、58同城等企业恰好属于这一类。所以，我想这本书的内容能对很多不同类型的企业有相应的启发。

比如对我们自己而言，Arthur书中提到的“市场化网络组织”，我也有深刻的体会。腾讯倡导以产品为单位，近年探索小团队闭环，进行网络型管理，已取得不少成效。从我在互联网行业多年的经验来看，每个独立个体的爆发力是最重要的。例如游戏业务，过去8年持续在做工作室改革，让工作室像创业团队一样有当家的感觉，这样才会始终处于高度投入的状态。

另外书中提到的“精兵战略”，代表着这个时代的趋势，也是腾讯要坚持的。腾讯过去经历过团队高速增长期，出现了管理上的不少挑战。近期公司在人员编制上更趋谨慎，在持续引入各领域精英人才的同时，也在不断提高内部人才的激情和效率，让企业的人才体系和组织能力再上一个台阶，支撑战略和业务发展。

很多人可能知道Arthur的一本经典著作《组织能力的杨三角》，很高兴看到他推出了组织能力2.0版著作《变革的基因》，这本书凝结了两位作者多年研究和企业咨询实践的精髓。管理理论源自实践，服务于实践，出于经验，而高于经验，Arthur在腾讯的理论和实践，我们是见证者。

相信这本书能够帮助更多像腾讯一样追求卓越的中国企业不断系统性地审视、思考和提升自身的组织能力，朝着基业长青的目标不断迈进！

序二

移动互联时代，组织需要创新思维

施振荣/宏碁集团创办人、智融集团董事长

我与杨教授相识多年，杨教授曾是我在宏碁的同事，1999年时与我共同创办了“标竿学院”（当时在宏碁基金会旗下，现在已移转至智荣基金会），他担任首任院长。后来，宏碁面临企业转型的需求，于是杨教授转任宏碁人资长，协助我推动宏碁2000年的世纪变革。

杨教授是人力资源领域的教授，对此领域他有很专门的研究，也因此在宏碁2000年推动世纪变革时，他扮演着最关键的角色。

当时我启动世纪变革后，对于变革的策略方向、变革期间的过渡管理，包含拟定公司的新愿景、新组织文化、要往哪里转型的架构以及与组织沟通的信息，等等，他都协助我一起启动。宏碁2000年的世纪变革能顺利完成，杨教授可谓贡献良多，也是最大的功臣之一。

当时，我也曾跟他一同探讨互联网组织的新思维，当时也曾出书。我个人认为，未来的组织形态，将有别于传统的科层制组织，我们甚至也拟定一些组织内部运作的协议，犹如互联网的网络协议一般，可惜在互联网世界的协议，所有的软件都必须共同遵循，但在人的组织中，大家往往对协议的解读不尽相同，虽然曾努力过，但成效有限。

不过我仍然认为，未来的组织已与过去不同，如能比照网络协议的运作模式，运作起来效率将会更高。而在我创业时，落实“分布式管理”“小老板的成就”“不留一手”“全员入股”等经营理念，为的就是有别于传统的经营理念，而在高科技领域打造一个让人的潜能得以发挥的组织文化。

去年我碰到杨教授，得知他将针对网络组织写书，这也是他继“杨三角”之后，再次提出他的最新理念，可说是“杨三角2.0版本”。我也十分荣幸能为本书写序，并有机会先睹为快。

杨教授在本书中有很多来自美国与大陆的具体案例，而美国与大陆也正好是互联网时代的两大市场，许多年轻朋友发挥创意，以创新的方法在互联网世界创造出新的价值，也影响了整个产业的未来发展。

有很多创业者及企业首席执行官是杨教授的学生，在中欧国际工商学院任教时他也是最受欢迎的教授，后来他因为太忙而辞掉专职教授，目前还担任了很多企业的独立董事。也因此，他可以亲眼就近观察很多互联网企业的实际运作情况，深入取经，扮演企业顾问咨询的角色。

杨教授不仅有实务的经验，对于相关领域的研究也极为深入，可说是这个领域的专家，因此本书对于互联网未来发展的大趋势有许多阐述。面对数字革命20年来的新发展，互联网也不断快速演进，较之过往已有翻天覆地的结构性变化，未来的组织思维必须有所不同，才能因应大环境的快速变化。

杨教授在本书中也针对移动互联时代的组织能力创新，提出了许多独到见解，十分值得参考及借重，包括“移动互联时代，你准备好了吗？”“组织再造，激活个体”“打造人才‘梦之队’”“虚实结合，自我驱动”“领导者和人力资源的定位与角色”等，对未来组织有深入的探讨。

而且本书所探讨的内容不仅会影响到互联网企业，还会影响到所有“互联网+”的相关行业，就如同工业4.0革命，受到影响的行业将会是各行各业，产业大趋势的未来发展将影响到每一个组织，我们要面对它，适应它，迎接它，组织才能赢在移动互联时代。

在此将本书推荐给大家，作为组织迎向未来的必读经典！

自序

缘由

《组织能力的杨三角》第1版[①]自2009年面世至今，转眼间已经七年了。在这七年间，移动互联时代悄然来临，我们目睹了中国和世界的经营环境在各个层面都在发生着颠覆性变化。

第一，从消费者层面来看，智能手机已经触手可及，成为人类器官的延伸，随时（Anytime）、随地（Anywhere）的特性，真正改变了消费者众多生活习惯，并让消费者的行为数字化，进而产生巨大和宝贵的数据。

第二，从产业层面来看，数字化将彻底改造价值链，带

① 杨国安，《组织能力的杨三角》，机械工业出版社2009年版。

来商业模式创新和经营效率提升。“互联网+”释放出巨大的信息能源，已经让和消费者息息相关的社交、电商、娱乐、打车、餐饮、金融等行业发生质变，也正在加大对医疗、教育、政务等公共服务领域的渗透，并辐射到制造、能源、农业等第二与第一产业。

第三，从企业层面来看，互联网打破了地理屏障，竞争从区域层面上升到国家乃至全球，速度变得尤为重要。短短几年，一家企业可以登顶行业之巅，也可能衰落到无人问津。大公司有平台和资源优势，但是小公司也有敏捷灵活的特长，颠覆和被颠覆概率大增，大小公司的竞争格局也在改变。像Whatsapp（一款跨平台应用程序软件公司）和Supercell（总部位于芬兰的移动游戏开发商）这些小公司也可以挑战巨无霸。

第四，从工作层面来看，中国工人工资持续上涨，已接近被机器人取代的“拐点”，不断演进的新技术（如人工智能）让按章办事的服务性工作也岌岌可危。商业模式、产品和技术创新层出不穷，创造性工作成为主流。企业管理的重心不再是规范流程，而是激活个体。

这些变化是挑战，也是机遇。面对移动互联时代，很多企业家既惊恐又兴奋。如何带领企业与时并进，拥抱和掌握新的商业契机，而不是被颠覆或边缘化？如何打造一支能在新时代打胜仗的团队？这些都是在杨三角学习联盟[①]中不少传统行业企业家经常提到的问题。

与此同时，作为腾讯集团的高级顾问，Arthur也有幸目睹腾讯从一家创业公司成长为超过25 000名员工的企业。在移动互联时代，面对众多创业公司的比拼，腾讯应该如何优化内部组织生态，激发活力，让业务团队既保持敏捷创新，又有大平台的资源优势？

第五，作为学者和顾问，我们从理论层面也非常好奇过去倡导的理论框架是否out（过时）了？当很多知名企业家都在谈“抓风口”的时候，“持续成功=战略×组织能力”的方程式是否还适用？移动互联时代，到底应该打造什么样的组织能力？

这些问题促成了我们对国内外优秀企业的深入调研和分析。在过去几年，我们通过不同途径不断学习探讨这些问题。

---

① 杨三角学习联盟，由杨国安与一群中欧国际工商学院校友创办，是致力于实践杨三角组织能力的企业家学习联盟。

首先，腾讯的“组织活力”项目让Arthur与腾讯人力资源同事有机会系统调研了10多家中国和硅谷优秀的互联网企业。

其次，杨三角学习联盟也在连续三年观摩了超过20家位于中国、以色列和硅谷的领先企业，从中提炼和学习它们的战略方向和管理实践。

而且，2016年举办的“中国组织能力调研”①，让我们得以通过定量数据进行实证分析。在这个调研中，数据验证了我们的观点，就是在移动互联这种变化倍增、颠覆创新机会层出不穷、竞争激烈的环境下，不管是互联网行业，还是传统行业，用户导向、敏捷和创新成为最关键的组织能力——这三项能力对企业的创新能力和市场竞争力影响程度最高。

通过本书，我们将“杨三角”1.0版升级为2.0版。我们的结论是，在移动互联时代，“杨三角”的框架依然适用，但是内涵已经发生变化。

工业时代看重的质量、成本、效率等组织能力，已经被用户导向、创新和敏捷取代。对很多企业来说，质量、成本、效率已经是企业组织能力的基本功，对企业业绩差异化

① 2016年“中国组织能力调研”由杨国安教授发起、腾讯咨询、KNX和杨三角学习联盟共同举办，共有110家互联网公司和160家传统行业公司参与调研。

的作用在减少。

在移动互联时代，团队需要打造的更多是动态的组织能力，确保企业与时俱进，不断关注用户的需求和痛点，通过持续创新和敏捷迭代，确保企业的竞争力。因此，在这个新时代，企业需要的是新一代的组织能力，即能变革的基因。

内容

本书共有五大部分 17 章。

第一部分（1—4 章）讲述移动互联的商业环境对“持续成功=战略 × 组织能力”方程式的影响；

第二部分（5—6 章）讲述员工治理将从“管控式科层组织”转向“市场化网络组织”；

第三部分（7—11 章）讲述员工能力将从“人海战术”转向“精英战略”；

第四部分（12—14 章）讲述员工思维将从“外在驱动”变为“自我驱动”；

第五部分（15—17 章）讲述打造组织能力的三群人，即首席执行官、直线经理和人力资源的角色变化。

感谢

本书得以出版并非仅凭我们两个人的智慧和努力，必须感谢多位企业家、同事和朋友们长期的支持和协助。

首先要感谢让杨三角理论不断进化的企业家们。2.0 版思路的形成，有赖于和腾讯同事、腾讯的战略伙伴及杨三角联盟的众多企业高管长期的互动与案例研究。尤其要感谢为本书写序的马化腾（Pony）、施振荣，以及写推荐语的程维、查兰教授（Ram Charan）、方洪波、刘强东、王兴、姚劲波（以姓氏排名）。

其次要感谢腾讯管理咨询部的同事。这支被马化腾称为“特种部队”的小团队，为了帮助腾讯的战略伙伴提升组织能力，奔波于全国各地，赢得了口碑，也形成了一套务实又接地气的方法论，本书不少案例是团队共同研究的成果。

还要感谢腾讯组织活力标杆研究小组，来自硅谷的鲜活案例，对本书思路的形成带来不少启发。

这本书得以顺利出版，也要感谢杨三角学习联盟的品牌和外联委员会，特别是焦胜，他扮演了杨三角系列丛书的总策划角色；感谢中信出版社的沈家乐、黄维益，为本书的顺利出版提供了非常专业的协助和指导；还要感谢程东升对部分文字的斧正和插图协助。

最后，要特别感谢的是家人。本书是我们在繁忙的工作中，利用周末、晚上和假期撰写完成的，得以顺利出版，离不开家人的默默支持和忍耐。Arthur要特别感谢的是太太Jenny、女儿Priscilla、儿子Joshua，在过去20多年因为Arthur的工作关系，他们无怨无悔地陪伴到世界各地生活，让Arthur能够专心研究和致力于企业咨询工作，为更多中国企业提升组织能力而努力。李晓红要感谢的是先生吴齐中、父亲李吉恒和母亲王晨辉对于自己“百年之后要留下点儿什么”的人生信念的支持，也感谢自己两岁多可爱的宝宝吴止象，让自己辛苦的写作过程充满幸福感。

谨以此书献给正在努力打造世界级企业的中国企业家和高管。与工业时代落后欧美的情况不同，中国企业已经走到了移动互联的世界前沿，你们的奋斗不仅改写着中国的历史，也在改写世界历史。希望本书对你们打磨变革的基因带来帮助！

杨国安（Arthur Yeung）
李晓红（Sharon Li）
2016年7月4日于深圳

第一部分

移动互联时代，你准备好了吗？

不谋全局者，不足以谋一隅，不谋大势者，不足以谋一时。

——（清）陈澹然《寤言·二·迁都建藩议》

有一首题为《雪崩》[①]的诗这样写道：

一开始
静静的风景大好
渐渐地
有看似微不足道的创新
旧的行业被撕开小小的裂痕
然后发出清脆的断裂声
创新的功效越发不可收
瞬时之间
汇聚起巨大的能量场
颠覆开始了
陈旧的企业，一拨一拨地被覆盖
紧接着，带来整个行业的崩溃
接下来，势不可当地冲击更广泛的世界……

这就是移动互联时代的企业生存环境，摧枯拉朽，优胜劣汰，一切无法适应移动互联的企业都会遇到“雪崩”一样的环境冲击。

这绝非危言耸听！

---

① 作者，程东升。

也许你会问，一家一个市场份额做到全球第一的运钞车公司，在这个时代，真的面临着“雪崩”的威胁吗？

是的，当人人兜里揣着一台可以和20世纪60年代的“超级电脑”相媲美的智能手机时，当第三方支付工具使用日益增多、愈加便利时，现钞的使用量将日益减少。这样，这家做到世界第一的运钞车公司的CEO（首席执行官）还能高枕无忧吗？

昨天还是一马平川，今天就要前行在颠覆与被颠覆的风浪中。

成立于1998年的腾讯的CEO马化腾说：“人要清醒，外面掌声最响的时候，往往是最危险的……巨人倒下体温还是暖的。”

成立于1987年的招商银行的前任行长马蔚华说：“比尔·盖茨的一句话‘成立软件公司直接取代银行’让我15年没有睡好觉，正是这样的焦虑让招行正在将业务互联网化，反而推动了革新。”①

不管是几岁、十几岁还是二十几岁的公司，不管是互联网行业还是传统行业，无一例外地要在这样的环境下思考倒下、站立和未来的问题。

移动互联时代，没有不被冲击的企业，只有冲击的程度大小和速度快慢而已。即使你的企业是业内第一，优势明显，但也并非意味着可以高枕无忧——或许，下一个被颠覆的就是你的企业。

---

① 马蔚华在2015年博鳌亚洲论坛上的讲话，网易财经，2015年3月29日。

第一章

忽如一夜春风来，千树万树梨花开

——移动互联催生企业管理新形态

一切变化，都是值得思考的奇迹。

——梭罗《瓦尔登湖》

清晨，当人们从这个蓝色的星球中醒来，开始工作和生活的时候，却突然发现身边的环境已然改变，正如千树万树梨花悄然盛开，这就是移动互联。它来了，忽如一夜春风，吹遍千家万户，人们的消费习惯因为它发生着改变。

正是这些变化，吹皱了企业的一池静水，将它们推到了变革的节点。

移动互联的五大基础设施开启数字化新时代

对比PC（个人电脑）时代，移动互联随时（Anytime）、随地（Anywhere）的特性，让它成为真正改变每个消费者生活和使用习惯的时代，也是将消费者行为和企业管理数字化的时代。

从技术层面来看，移动互联的基础设施已经完备，数据将像水和电一样，成为企业管理的基础设施。

这五大基础设施包括如下方面。

移动终端：产生数据

移动终端，如智能手机、iPad（苹果平板电脑）、可穿戴设备、App（手机应用程序），集硬件、软件和内容于一身，提供超强通信和计算能力，成为大数据的源头。

智能手机：互联网与智能手机联姻，正在发挥强大的威力。无论在其他国家（地区）还是中国，人手一机的景象已经到来。根据企业智酷的研究，到2015年，全球手机用户数超过75亿（全球人口为72亿），中国的手机用户数为12.2亿（中国人口是14亿）。智能手机的特点是便携、功能强大、价格不贵，不像PC机有物理局限性，人们可以随时随地下载、阅读、观看、交易……手机已经成为人类的器官，将每个人与整个世界紧紧地联系在一起。

可穿戴设备：谷歌眼镜、苹果手表等产品引爆了穿戴式设备的风潮。从此，眼镜、手表、手环、项链、耳环、衣物等产品充斥市场，运动健身、医疗辅助、资讯娱乐等应用领域不断被发掘，整个可穿戴设备产业进一步丰富了用户的行为数据。

App：存储在移动终端的应用软件，一方面为用户提供服务和交易界面，满足用户位置、支付、社交、交易、搜索等各种需求，也提供包括企业和产品信息、好友推荐的内容；另一方面，应用软件也在动态收集、记录用户的行为数据，这些都成为大数据的源头。

传感器[①]：收发数据

无所不在的传感器将动态收集来自移动终端的用户数

---

① 传感器（Transducer/Sensor）是一种检测装置，能感受到被测量的信息，并能将感受到的信息按一定规律变换成为电信号或其他所需形式的信息输出，以满足信息的传输、处理、存储、显示、记录和控制等要求。

据，以及安装在产品、设备和机器的操作数据。伴随传感器价格的垂直下降，越来越多的设备、机器将实现智能化，可以不断地即时收集各种数据，应用于家居、航空、医疗、制造、配送、零售等各种场景。

华为预测，到2025年，全球将产生1 000亿终端的链接，其中90%以上将会来自各种智能的传感器，这意味着万物互联的时代即将到来。

传感器让家居智能化

近几年智能家居得到越来越多的消费者的青睐，这是因为加入传感器后，更加智能化的家电可以让消费者的生活变得更加简单舒适。例如，监测空气质量［PM2.5（环境空气中空气动力学当量直径小于或等于2.5μm的 颗粒物）、甲醛］的传感器会自动帮助消费者改善室内空气质量，温湿度传感器可以营造舒适的环境，烟雾传感器可以守护全家安全，运动传感器可以感知移动的人与物，一旦有些“风吹草动”，它都会将预警信息发送至主人手机中。

网络带宽：传输数据

数据的传输将通过网络实现，得到广泛商用的4G（第四代移动通信及其技术）技术已经极大提升了手机上网的速度，而谷歌光纤、5G（第五代移动通信及其技术）等新一代技术会将网速提升十倍、百倍，通信正在不断地变得又快又便宜。移动互联网相比于PC互联网，在更大程度上改变着人类社会的生活习惯，引领着未来商业的发展趋势。

4G：全球已实现4G商用的国家有200多个，4G网络达300多张，基于LTE（长期演进技术）的4G网络每秒钟可传输10~100Mbps数据。

谷歌光纤：是谷歌公司推出的超高速网络服务，网速可达1Gbps，是4G的10倍。通过谷歌光纤可以用7秒下载一部高清电影。

华为5G：华为在2015年提供的5G低频样机网络速率可达10Gbps，移动网速是4G的100倍，下载一部高清影片用时不超过1秒。华为预计将在2018年完成5G技术规范，2020年正式商用。

云存储[①]：存储数据

数据的存储将通过云实现，这将使存储的成本极大降低。

AWS（亚马逊云）、腾讯云、阿里云及SAAS（软件即服务）的成熟，企业不用自己构建和管理大量服务器和软件系统；IT（信息技术）架构的更新换代呈现去IOE趋势，具体说就是以IBM（国际商业机器公司）为代表的主机、以Oracle（甲骨文）为代表的关系型数据库，以及以EMC（易安信）为代表的高端存储设备，将被新型的云计算技术所替换，也就是我们常说的"云化"，企业IT基础架构的成本将大幅降低。

算法：解读数据

算法帮助企业解读大数据，支持业务决策——算法工程师帮助企业处理用户和设备产生的海量大数据，并进行数据挖掘，分析用户画像/识别喜好，从而寻找、优化个性化营

---

① 云存储是在云计算（Cloud Computing）概念上延伸和发展出来的概念，是一种新兴的网络存储技术，是指通过集群应用、网络技术或分布式文件系统等功能，将网络中大量各种不同类型的存储设备通过应用软件集合起来协同工作，共同对外提供数据存储和业务访问功能的一个系统。

销与产品研发及运营效率等机会，最终为企业提供决策分析和趋势判断。

近年来，人工智能、机器学习等领域都在快速发展，谷歌、Facebook（脸书）、BAT（百度、阿里巴巴、腾讯的简称）等领先互联网企业都在这些领域不断投入和探索。

图 1–1　数据的传送、解读与存储

数字化改造企业价值链

移动互联技术广泛应用前，属于信息孤岛时代——消费者的喜好，企业的产品和服务，供应商的生产计划和材料改进等信息都不能及时、准确共享，造成配对低效，资源浪费。

移动互联将通过数字化改造企业价值链，带来经营效率的提升和商业模式的创新。

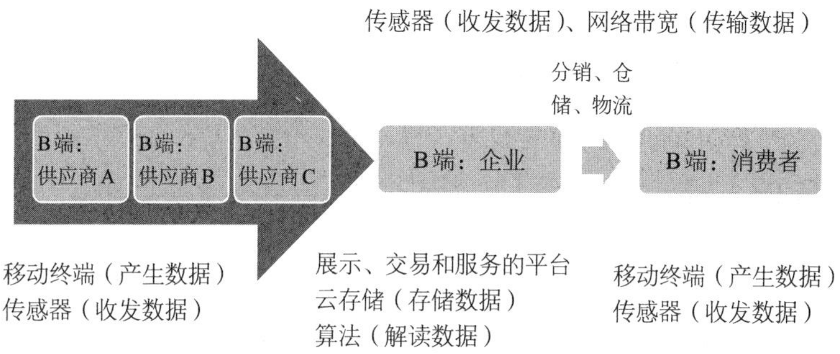

图 1–2　移动互联如何通过数字化改造企业价值链

B2C（商对客）的互动：交易变成了终生，客户变成了用户

在过去，企业（B端）往往不知道产品卖给了谁，产品卖出去之后，交易就结束了。手机、家电、汽车等终端的智能化、互联化让企业得以精准定位用户的位置，了解他们的行为和喜好，有针对性提供即时有用的信息和推介。使用产品，意味着企业和消费者的关系才刚刚开始——交易变成了终生，客户变成了用户。小米就是这样的思路，用户用成本

价购买了小米手机，然后使用米聊、游戏、小米电视等各种衍生品，客户变成了用户，用户变成了米粉。

移动互联也消除了消费者（C端）和企业之间的屏障，借助电子商务、搜索引擎、应用商店、社交网络，消费者可以进一步向企业提出消费诉求、反馈使用体验等。消费者正在从工业时代“熟悉的陌生人”变为“价值共创者”。

B2B（商对商）的互动：去中间化

供应商通过与企业甚至消费者的数据共享，可以动态了解供需情况，快速调整产品结构、生产计划和产品改进。

很多B2B企业，经由整体端到端价值链分析，并从最终用户角度思考问题后，发现去掉中间环节，将更有助于准确把握用户需求。因此，越来越多的B2B公司正在去中间化，变成B2C公司，例如在汽车行业，特斯拉、宝马等领先公司正在取消经销商环节，直接面对终端用户。

分销—仓储—物流信息充分打通

分销—仓储—物流的信息传递将被充分打通，企业可以了解不同地点的库存情况和不同地区的用户需求，从而决定不同大区、不同产品的库存量，并以最有效路线把产品送到消费者手中。亚马逊和京东都是这个领域的专家。

用户体验催生产业蓝海

围绕用户痛点再造行业

移动互联最容易颠覆和改造的行业都是过去效率较低、获取产品或服务繁杂、痛点较多的领域。如亚马逊或京东在零售领域能为消费者提供多、快、好、省的便捷；奈飞在视频领域可以提供消费者即时、多选择的影视娱乐。

针对这种行业的变化趋势，腾讯创始人兼CEO马化腾在2015年“两会”提出“互联网+”的概念，即“以互联网平台为基础，利用信息通信技术与各行业跨界融合，推动产业转型升级，并不断创造出新产品、新业务与新模式，构建连接一切的新生态”。[①]

“互联网+”呈现从第三产业逐步向第一、第二产业渗透的规律：

---

① 马化腾等著，张晓峰、杜军主编，《互联网+：国家战略行动路线》，中信出版社2015年版。

首先，改造的是第三产业的个人消费与服务行业。例如，金融、住宿、物流、餐饮、娱乐、旅游、中介、文化、零售、房地产，这些行业改造得相对成熟。

其次，改造的是第三产业的公共服务领域。例如，交通、医疗、教育、政务、民生、公益，这些行业处于“互联网+”融合阶段。

最后，改造的是第二产业（制造业、能源）和第一产业（农林牧副渔）。这些行业还处于“互联网+”非常初级的阶段。

我们再来举几个具体的例子。

从饭店到中央厨房

移动互联网终端成为拉动餐饮产业链的新引擎。

餐饮O2O（线上到线下）模式，就是把餐饮传统的营销网络通过团购、闪惠、预定、菜单，甚至外卖等形式放大，对接更为广阔的海量客群，提供用户更多选择和便捷性。新合并的美团和大众点评是这个领域的领先者，口碑和饿了么是参与这个领域的新兴企业。

与传统餐饮相比，餐饮O2O模式借力互联网的海量用户，其宣传范围更大，增量效果明显；其次，餐饮O2O采用的大数据分析技术，能帮助餐饮公司及时与用户互动，并掌握市场需求，不断调整策略，夺取市场先机；餐饮O2O能降低成本、加速餐饮行业创新并提高餐饮行业管理与服务水准。

据速途研究院研究，2015年餐饮O2O用户规模从2010年的0.28亿增长到2.64亿，市场销售规模从2010年92.2亿元增长到1 389亿元。①

可以预想，再过几年，80%的外卖都将由基于移动互联技术的第三方公司销售和配送，大部分传统餐饮企业将转身成为“中央厨房”，这将大大降低传统餐饮企业的运营成本，提升效率。

从“人等车”到“车等人”

传统出租车运营模式是“人等车”，即使有统一呼叫平台，如广东的96900呼叫电话，但由于无法对车辆和用户进行高效、精准的定位，无法高效匹配、无法提供便捷支付等，导致用户使用的时间成本很高、用户体验不好。

后来，优步和滴滴出行出现了。这种新模式是“车等

① 《速途研究院：2015年2月餐饮O2O市场调查报告》

人”，并通过共享经济模式，充分使用大量的社会闲置出行资源，为用户提供便捷和可靠的服务。

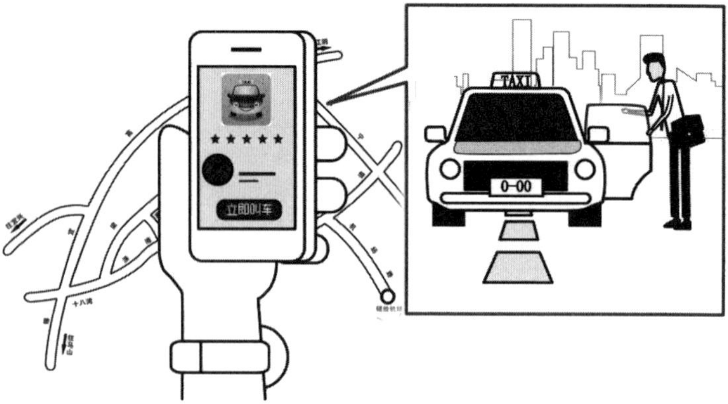

图 1–3　车等人

中国的移动出行市场从出租车打车市场开始，向出行各个领域快速渗透，包括专车、拼车、巴士等。

以专车服务为例，天下着雨，急着回家或外出的人，通过手机应用程序方便地叫来一辆车，从而以较低的成本，快速享受到穿行街区的愉悦体验。

据艾媒咨询的研究，中国移动出行用户规模从 2012 年的 0.13 亿增长到 2015 年的 2.69 亿，而中国车联网市场规模从 2012 年的 580 亿元增长到 2015 年的 1 550 亿元。[①]

---

① 《艾媒咨询：2015 中国移动出行用车用户规模达 2.69 亿人》。

从互联网公司到金融机构

2015 年 11 月，中信银行与百度共同宣布，设立直销银行“百信银行股份有限公司”（简称“百信银行”）。在此之前，腾讯、阿里巴巴都分别以发起股东身份参与了微众银行、网商银行的建立。

而京东通过电商平台，连接大量消费者和供应商，了解他们的行为和信用程度，也提供一系列针对消费者和供应商的金融服务。

百度、腾讯、阿里巴巴、京东，本身是互联网技术和电

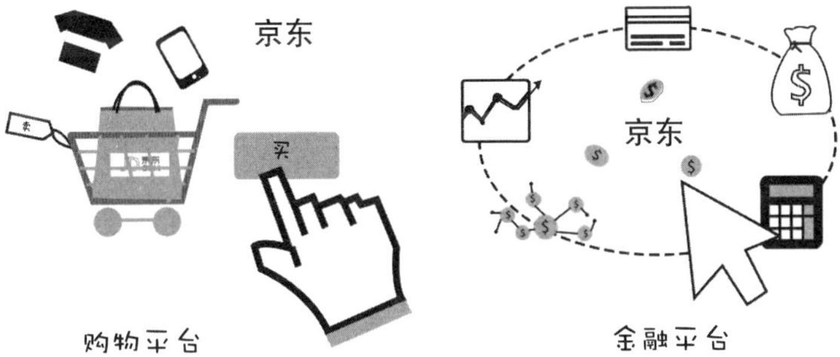

图 1–4　电商平台

商公司，但今天这些公司已经成为了金融机构。它们之所以可以“跨界”做金融，主要原因是作为平台型企业，掌握了大量用户的消费行为和喜好，从而可以让企业发展更多延伸服务，包括金融、广告等。

得数据者得天下

未来，不再有互联网的原住民和新移民之分。为了抢占先机，互联网公司正在垂直领域进行线下渗透，而传统行业则向线上延伸，几乎所有的企业都将通过移动互联技术，进行创新和变革。

C2B（客对商）驱动的企业管理新形态

随着价值定义的话语权从企业方转移到消费者，企业营销、研发、制造等核心职能都需实现C2B驱动。这一变化催生了企业管理的新形态。

社交化营销

网络直销，加上给消费者提供网络选择、推荐、评价的平台，企业可以借助搜索引擎、大数据挖掘、社交广告等手段，实现社交化和个性化营销。

九阳：社会化媒体引爆新品[①]

2014年，九阳公司在推出铁釜电饭煲时，一改投广告的常规模式，大胆尝试定义卖点，然后再通过微信朋友圈、微博等社会化媒体，调动公司同事、经销商、导购员的力量，在没有任何电视、报纸、广告的情况下，引爆了这款新品。

由于用户都在期待铁釜的上市，零售商积极地寻求首发，在这样的背景下，铁釜上架周期缩短了3个月，2个月单品进入行业前5名。2015年第二代铁釜上市，又创造话题，和日本的电饭煲比较，视频传播量达到6亿次，实现了非常好的互动性，这一传播再次让传统新品上架的过程得到颠覆。

网络直销，加上给消费者提供网络选择、推荐、评价的平台，企业可以借助搜索引擎、大数据挖掘、社交广告等手段，实现社交化和个性化营销。

① 九阳股份董事长王旭宁在“杨三角学习联盟”活动的发言，2015年11月。

C2B产品开发

传统的社会分工中，通常由企业设计、研发产品，再由消费者被动买来使用。移动互联能够帮助企业记录用户行为数据，分析用户痛点，和粉丝进行互动，从而让用户参与产品研发过程成为可能。

九阳：让用户在被窝里把饭做好[①]

通过网络，九阳从后台能看到用户的使用数据，例如用户什么时间用得最多，哪个功能用得最多，哪些用户希望在被窝里把饭做好等，这些数据对后台研发起到了非常大的帮助。用户如果有问题，可通过App及时反馈，于是实现了产品开发和粉丝的互动，进而催生了快速豆浆、五谷豆浆和米糊等新品。

海尔：泡奶痛点催生调奶器

下面这封信是海尔调奶器体验用户写的体验过程：

---

① 九阳股份董事长王旭宁在“杨三角学习联盟”活动的发言，2015年11月。

有了宝宝后，喂饱她的小肚子成了每天的头等大事，但是夜里起来调奶也成了一件头疼的事情，尤其是老公每次夜里起来调奶的时候都是慌手慌脚的，半天才搞定，弄得宝宝总是哭很久。那时候我就想：什么时候有一台把奶粉和水丢进去，按一下就能把奶粉调好的神器就好了！很幸运的是，前不久我就成为海尔优养系列在全国征集的第一批调奶机免费体验者之一。那天我如愿以偿地收到了海尔公司从青岛寄过来的调奶机，回家拆开包装发现调奶机整个包装很仔细，整体是不锈钢设计，显得很大方，有质感，说明书也很详细……

原来，海尔国际商社的刁云峰发现了年轻妈妈们给孩子泡奶的痛点，在国内最大的母婴在线平台“宝宝树”了解妈妈的需求，又搭建了一个虚拟平台“优知妈咪汇”，并和“宝宝树”实现了用户资源共享，通过在线互动生产了“恒温调奶器”。整个产品的研发过程都在网上公开，互动结束后，已有500万用户关注，产品推向市场前已经有了3万份订单。①

---

① 曹仰峰，《海尔的倒三角模式》，载《商业评论》，2013年7月刊。

调奶器小批量生产出来后，海尔又选择了一批体验用户，通过这批用户的亲身体验，完善产品并建立“种子用户群”，为随后的大规模销售打下了良好基础。

柔性供应链

和传统大规模量产的模式不同，由需求驱动生产的柔性模式，让供应链的各个环节实现产品和库存信息实时对接，从而在保证产品品质和生产成本可控的前提下，实现“多款多批次小批量生产”。

从淘宝到“淘工厂”①

淘宝进行了名为“淘工厂”的生产尝试，就是把服装工厂的生产线、产能、档期搬到互联网上，打包作为一种服务出售。在产品的设计上，阿里要求工厂将产能商品化，开放最近30天空闲档期。档期表示工厂接单意愿，如果工厂没有空闲档期，则卖家搜索时会默认过滤掉。

淘工厂最大的特点在于生产上将更加符合淘宝卖家的需求，淘宝卖家可以尝试小批量试单，并快速翻单。阿里要求

---

① 阿里研究院，《互联网+：从IT到DT》，机械工业出版社2015年版。

入驻的代工厂为淘宝卖家免费打样、提供报价、提供档期，并且接受30件起订、7天内生产、信用凭证担保交易等协定。

目前已经有上千家服装工厂入驻淘工厂平台，除了中小微的服装厂，包括浙江富春江织造、西格玛服饰等国际品牌代工厂也入驻平台，专门给淘宝商家开辟柔性化小型生产线。

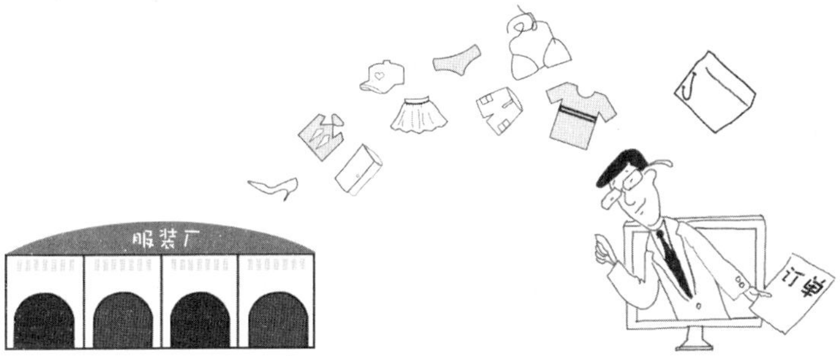

图1–5 淘工厂

智能制造

伴随传感器价格的垂直下降，越来越多的设备、机械、机器也将实现智能化，可以不断即时收集各种数据，大幅提升生产效率，智能制造将成为制造业主要转型方向。

通用电气：产业设备与数据融合

2012 年 9 月 19 日，一架春秋航空飞机的二号发动机风扇振动值突然升高，通用电气在上海的航空客户支援中心立即向春秋航空发送通知，春秋航空排查后发现发动机的两片风扇叶片被外物击伤。后来，该风扇叶片很快被更换，一次飞机故障停场检修就这样被避免了。由于通用电气成功进行了远程诊断探测，这次春秋航空节省了超过 21 万美元的费用，更重要的是，避免了数次计划外的发动机拆卸和停飞待用。[①]

此次事件，通用电气所用的就是一套装置在春秋航空发动机部件内的N1 转速传感器、N2 转速传感器、排气温度传感器、燃油流量传感器等数十个传感器。通用电气通过这些传感器采集转速、排气温度等数据，并用无线传输方式发送到通用电气航空客户支援中心，通用电气数据处理中心对数据进行对比分析，及时有效地对飞机发动机进行远程监控，在维护作业中防止发动机空中停车。

作为全球最大的飞机发动机制造商，通用电气在 20 年

① 王思远，《掘金工业互联网》，载《环球企业家》，2013 年。

前就尝试通过传感器、微处理器收集引擎数据，跟踪天气、速度、磨损等 1 000 个变量，有专门的算法进行集中处理和分析。

通用电气这样做的优势主要有三个方面：第一，可以预测什么时候做发动机的保养；第二，预测可能出现的故障（安全）提早干预，避免航空公司出现灾难性的危机；第三，产品迭代，可以知道下一代飞机发动机需要做哪些调整。[①]基于过往的成功经验，通用电气在 2012 年秋季提出了关于产业设备与IT融合，即工业互联网的概念。

通用电气掌门人伊梅尔特如此描述这种巨变："也许你昨晚入睡前还是一个工业企业，今天一觉醒来却成了软件和数据分析公司。""工业互联网依靠数据连接机器与机器、人与机器，进而将设计、产品制造、供应链及分销以数字化的方式串联成有机整体。"根据通用电气的预测，在美国，工业互联网能够使生产率每年提高 1%~1.5%。[②]

---

① 拉姆·查兰教授在"杨三角学习联盟"活动的发言，2015 年 11 月。

② 通用电气,《工业互联网——打破智慧与机器的边界》，2012 年 11 月。

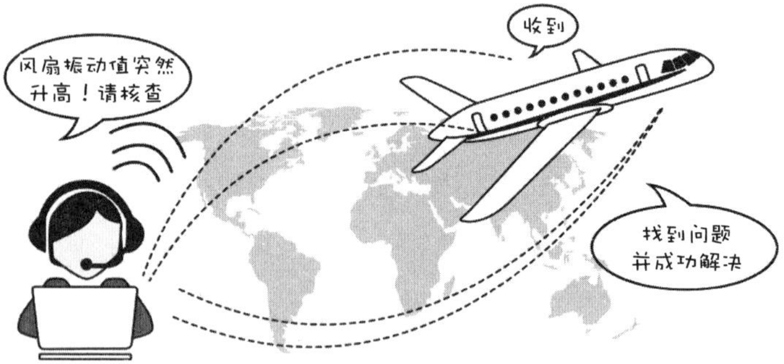

图 1–6　通用电气的远程诊断探测

弯道超车——中国企业的时代新机遇

中国人聪明、勤奋、善于博采众长的特点造就了中国企业的发展速度。因为只有 30 余年的发展经验，中国企业在工业时代起步落后。但是，到了移动互联时代，中国用户使用习惯已经领先欧美，这就为中国企业提供了弯道超车的机会。

中国用户对移动互联的接受度领先于美国

根据IDC（互联网数据中心）的研究，2015 年中国智能手机出货量将达到 4.5 亿部，继续稳居全球最大的智能手机市场，占全球市场份额达31%，中国已成为全球最大的智能手机市场，是排在第二位的美国市场的将近3倍。

另一项研究显示，71%的中国用户运用手机购买商品，而美国用户只有32%；37%的中国用户用智能手机订餐，而美国用户只有13%；35%的中国用户用智能手机购买股票，而美国用户只有5%。中国用户移动互联使用习惯大大领先美国用户。①

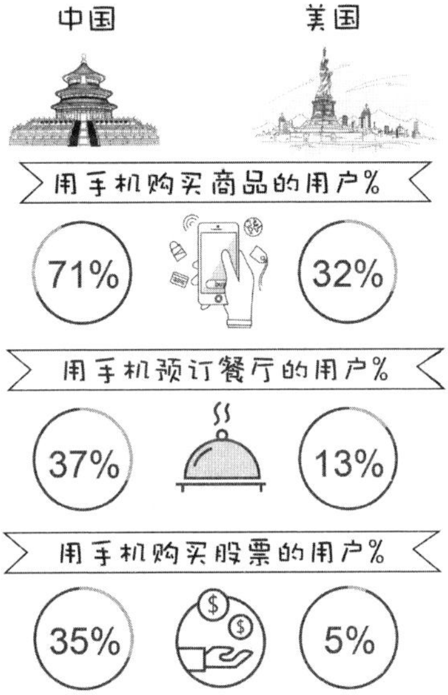

图 1–7　中美两国用户手机购买行为的比较

① 普华永道，《实现全零售——消费者的期望推动未来零售商业模式的发展》。

中国互联网公司正在发挥全球影响力

中国人口众多，用户的使用习惯改变也更快更彻底，为中国互联网公司发挥全球影响力奠定了扎实的用户基础。

在全球的互联网10强中，来自中国的互联网公司企业占据4席，分别是阿里巴巴、腾讯、百度、京东。在中国，还没有一个行业像互联网行业这样，有如此多本土企业跻身全球前列。

表1–1 全球互联网上市公司市值10强（2016年4月28日）

主要上市互联网公司	市值（亿美元）
Alphabet（埃弗百特）	4 746
脸书	3 424
亚马逊	2 839
腾讯	1 908
阿里巴巴	1 869
Priceline（旅游服务网站）	654
百度	644
奈飞	387
京东	351
雅虎	346

资料来源：雅虎金融

中国互联网公司也越来越多地拥有原创技术应用和商业

模式。一个典型的例子是，《连线》在2016年的期刊中登出了雷军的形象，并配以标题《是时候“山寨”中国了》，认为小米的互联网思维值得欧美科技公司借鉴。[①]

国内领先传统企业拥抱互联网的幅度让人震撼

海尔董事局主席张瑞敏是国内公认最早推动传统企业互联网变革的企业家。张瑞敏的“没有成功的企业，只有时代的企业”“鸡蛋从内打破是新生”“倒三角组织模式”“人单合一双赢模式”等思想观点启蒙了一批中国企业家，进而积极地拥抱互联网。2000年，张瑞敏就发表文章《新经济之我见》，向所有海尔高管表示“不触网就死”；2005年，又发起了海尔1 000天流程再造；2012年，正式宣布实施网络化战略转型。[②]

万科总裁郁亮也从2014年开始带领万科探索互联网时代的新活法。他的心态积极而开放，“对于这一不可扭转的趋势，你首先要接受它，不要抵抗。”郁亮带领管理团队拜

---

① 李玮，《让雷军登上〈连线〉封面的文章到底写了什么？》，腾讯科技，2016年3月6日。

② 陈庆春，《专访海尔张瑞敏：互联网+企业的转型会看到很多失败的地方》，虎嗅网，2015年5月18日。

访了多家互联网公司和互联网化很好的公司，如海尔、小米等。[①]

拜访后，万科加强了和互联网公司的合作，如北京公司和百度、广州公司和腾讯、杭州公司和阿里巴巴、上海公司和平安好房。受此影响，郁亮加强了对激励机制和扁平化组织的变革力度，引发了备受追捧的“事业合伙人”制度创新。

移动互联时代，不再有互联网和传统企业之分，只有“原住民”和“新移民”之分，只有拥抱变革的快慢之分。

面对新时代，你准备好了吗？

图 1–8　万科探索互联网时代新活法

① 周红艳，《郁亮：万科在努力拥抱互联网》，载《财经天下》周刊，2014 年 12 月 31 日。

本章小结

移动互联的五大基础设施开启数字化新时代：

- 移动终端：产生数据
- 传感器：收发数据
- 网络带宽：传输数据
- 云存储：存储数据
- 算法：解读数据

数字化改造企业价值链：

- B2C的互动：交易变成了终生，客户变成了用户
- B2B的互动：去中间化
- 分销—仓储—物流信息充分打通

用户体验催生产业蓝海：

- 围绕用户痛点再造行业
- 得数据者得天下

C2B驱动的企业管理新形态：

- 社交化营销
- C2B产品开发
- 柔性供应链
- 智能制造

弯道超车——中国企业的时代新机遇：

- 中国用户对移动互联的接受度领先于美国
- 中国互联网公司正在发挥全球影响力
- 国内领先传统企业拥抱互联网的幅度让人震撼

第二章

行业已经成了地震带

——移动互联时代的危与机

常制不可以待变化，一涂不可以应万方。

——（东晋）葛洪《抱朴子》

1976年7月28日，北京时间3时42分53.11秒，河北省唐山市丰南区突然发生里氏7.9级地震，23秒后，唐山被夷成废墟。

1977年2月25日，调查组与国家地震局联合发布了《关于唐山地震未能预报的原因的报告》。报告中写道：在7月份，地震局领导小组没有研究过一次震情。7月上中旬，有6个地震专业站和8个群众测报点提出不同程度的震前预兆。7月26日，北京市地震队告急，分析预报室的同志经过会商后，认为震前预兆严重，要求向局领导汇报。7 月 27 日上午，地震局副局长在听取汇报时很不耐烦地说："目前院里事情多，下星期再开会会商吧！"

面对地震，贻误战机，精神麻木造成了严重的灾难。

这样的情形，也发生在移动互联环境中。它的特点是：地震在行业地带突然发生，颠覆和被颠覆的概率大增，决策者做出反应的时间变少，常态化运行明显不适应，不论大小公司，处境都相同。

这些都令人强烈感受到应变速度的重要性。

机会窗口期缩短——速度制胜

谷歌董事长埃里克·施密特在《重新定义公司》一书中写道："变革的脚步正在加快。"

通用电气董事长杰夫·伊梅尔特在致股东的一封信上写道："我们将致力于提高速度。"

IBM公司CEO金尼·罗姆蒂在 2014 年接受《财富》杂志采访时说："速度让我失眠。我说的速度是指改变的速度，向未来进军的速度。"

海尔创始人张瑞敏曾经问下属："如何让一块石头飞起来？"答案是：速度！

为什么有识之士都在强调速度？

这是因为借助移动互联技术，切入一个新领域变得容易和快捷，所以商业中的替代和被替代速度也加快了。

亚马逊vs沃尔玛，赢在速度

美国时间2015年7月23日，亚马逊市值正式超越传统零售大鳄沃尔玛，成为最新的世界零售业王者。

资本市场认为亚马逊比沃尔玛更具竞争力，很重要的原因是亚马逊拥有海量用户数据，可以针对客户的反馈，瞬时做出调整。对比之下，沃尔玛做出一个调整，往往要涉及线下流程的改造，时间要漫长得多。

亚马逊对速度的追求已经超越人们的想象——早在2013年12月，亚马逊就获得了名为"预期递送"（Anticipatory Shipping）的专利，这项专利让该公司运用大数据，预测用户需求，能在客户点击"购买"之前就开始递送商品。

另外一个原因是网络效应①。

---

① 企鹅智库。

网络效应，指一个网络中的每个用户对其他用户都有价值，用户越多，价值倍增。当网络用户规模达到一个临界点时，就会发生爆发性优势，从而让网络更加稳固。

网络效应有三个特征：

（1）网络用户与服务提供者的相互正向促进作用；

（2）爆发临界点；

（3）赢者通吃。

这个效应最后的结果是，第一名赚的钱比第二名到最后一名赚的钱加起来还要多很多，第二名赚的钱比第三名到最后一名赚的钱加起来也要多很多。

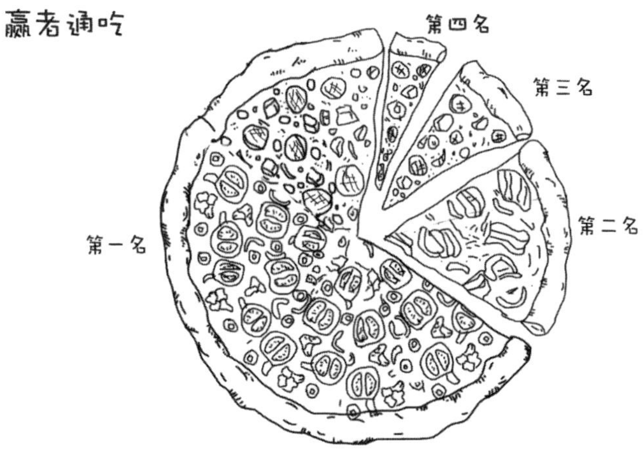

图 2–1 网络效应

网络效应让几乎所有行业的窗口期都在缩短。

游戏行业

以电子互动游戏行业为例，以前大行其道的是任天堂和索尼主机游戏，主机游戏产业从产品创新、早期玩家尝试、推广、普及化、周边产品配套以至整个生态形成，要用30年才能走完一个发展周期。到了PC时代，10年时间能走完一个周期。但是，手游兴起之后，整个行业3年就成熟了。

通信和社交领域

腾讯QQ从1999年2月推出后，花了将近7年的时间，注册用户数才超过5亿；新浪微博2009年8月推出后，花了不到三年半的时间，注册用户数就超过5亿；腾讯微信从2011年1月推出之后，仅用了2年多的时间，注册用户数已超过5亿。然而，迄今为止，中国电信固定电话用户尚未超过3亿。

出行行业

滴滴估值达到280亿美元，只用了4年。因而，速度被滴滴CEO程维认为是滴滴的“护城河”。

“这个速度没有企业跟得上。”他说。

速度如此之快，背后却是非常激烈的竞争和博弈。

“竞争和资本催着所有人跑百米赛。原来是千米、万米赛跑，现在是百米赛跑，而且还打兴奋剂。我们一直在高速竞争之中为了生存而战。”①

网络效应在传统经济时代就已存在，就是通用电气前总裁杰克·韦尔奇说的“数一数二法则”。不过，移动互联网数倍放大了这一效应，因为传统经济有区域分割，但互联网却打破了区域分割。②

网络效应不仅适用于互联网行业，也适用于被互联网技术渗透和改造的传统行业。这就是为什么在过去的一段时间，打车软件和O2O等行业烧钱抢用户的关键原因——通过这些手段，滴滴快的、美团点评、58赶集等公司用最短的时间改变了用户习惯，引爆临界点，从而占据行业绝对领先的市场份额。因为只有这样，才能建立“护城河”，实现“赢

① 李翔，《程维谈速度之子滴滴快的：如履薄冰》，载《财经天下》周刊，2015年11月20日。

② 袁瀚，《互联网公司为何要烧钱？从幂次定律和边际效应说起》，创业邦，2015年10月22日。

者通吃”。在这些行业里，如果你比竞争对手晚了半年，对方已经实现了两轮融资，你基本就没什么机会了。因此，这些公司竞争的节奏以季度、月甚至周来计算。

机会窗口期在缩短，对企业意味着什么？

在自然界，被称为“雀中猛禽”的伯劳鸟捕捉的都是昆虫、蛙、蜥蜴、小鸟等身形敏捷的动物，它常在高处静静地观察这些动物出现的“窗口期”，然后给予致命一击。把握“窗口期”对于伯劳鸟的生存至关重要，那么对于企业同样如此。

移动互联时代，企业的生存环境第一个深刻的变化是，企业成功和衰落的速度都呈直线式的，要么快速登顶，要么悬崖式坠落。

颠覆和被颠覆概率大增——大小公司身处同一起跑线

在一个以速度为平台的竞技场上，迅速适应新规则并进入状态尤为重要。在移动互联环境中，大公司被小公司颠覆的可能性大增。

路径依赖是大企业创新的致命伤

黑莓今天的危机明天也可能发生在微软和苹果身上

奥巴马曾经使用的一个手机品牌一度风靡世界，被称为最安全的手机，这就是黑莓。想当年，黑莓是世界各大跨国公司管理层的标配，也是身份的象征。

然而，iPhone（苹果手机）的出现，让一切都变了。

iPhone诞生后不到5年，原有手机厂商格局就发生了翻天覆地的变化——曾经14年占据行业第一的诺基亚已经消失；黑莓占全球智能手机市场的份额已经从50%左右降到仅为1%；同期，摩托罗拉则出售给了联想。

但是iPhone并不能让苹果高枕无忧。2016年2月2日，苹果被谷歌的母公司Alphabet拉下全球市值第一的宝座——而在一年前，苹果的市值高达6 400亿美元，几乎是当时市值3 600亿美元的谷歌的2倍。

想象一下，如果有一天苹果必须放弃iPhone才能挽救自己，或者微软必须放弃Windows（视窗操作系统），这容易做到吗？

这两件看似不可能的事情已有了兆头。

苹果市值下跌的原因是，资本市场已经开始担心苹果过度依赖iPhone硬件销售的商业模式在未来难以持续，且苹果后续产品跟进乏力，更增添了这一担忧。

微软的危机则显现得更早。随着云计算技术的快速演进，消费者开始使用移动设备来处理任务，他们逐渐不再需要最新的PC了，作为桌面时代的霸主，微软软件授权收费的商业模式正在被颠覆。

克里斯坦森教授在《创新者的窘境》中曾经提到，创新在一个已成功的主体中是多么难以发生——大公司从一个创新点起步，当原来的创新被市场认可后，多数产生路径依赖，被惯性带着走。这个时候，如果不主动把资源预留在有争议的事情上，等到原来的创新变成累赘，公司将再也无法翻身。

凯文·凯利认为，颠覆性的公司通常在不利于做生意的环境中创新，这种环境质量差、风险高、边际效益低、市场小，因此往往是前途未卜的小公司做出了颠覆式创新，因为它们别无选择。而对于大公司来说，过去的成功就是它最大的历史包袱——公司越成熟，就越有路径依赖，因为公司成功的基因来自过往取得的成就。

越执着于过往的成就，要取得未来成功的概率就越低；

要想重新取得成功，重塑辉煌，就必须放弃传统优势，真是两难！

草根公司可以颠覆行业巨头

以少胜多，以弱胜强，这样的事例在一定的机遇条件下是屡见不鲜的。

移动互联时代，新公司借助移动互联技术可以颠覆一个大公司甚至一个行业。

空中食宿（Airbnb）[①]

空中食宿成立于2008年，其英文Airbnb是AirBed and Breakfast（“Air-b-n-b”）的缩写。作为一家服务型网站，它联系旅游人士和家有空房出租的房主，游客可以从个人而不是酒店手中租住一间房屋。空中食宿正在对包括商务旅行和休闲旅行在内的整个酒店行业造成颠覆。一项调查显示，空中食宿的房屋供应量每增长10%，酒店房间收入就会下滑0.35%。

---

① Zoe编译，《Airbnb如何动摇全球酒店业的根基？》，环球旅讯，2015年3月16日。

优步（Uber）[①]

优步成立于2009年，是以提供手机移动打车应用程序为核心业务的企业，优步的商业模式颠覆了传统打车行业的垄断性和不规范性，它充分利用社会剩余的汽车资源，为用户提供可靠、便捷和优质的服务。

根据纽约市出租车和豪华轿车委员会编制的最新数据，优步的兴起已经摧毁了传统出租车行业——数据表明，纽约出租车运营牌照的转手价格正呈现下降趋势，与出租车行业有关的股票价格也在下跌。

然而，优步的定位不仅仅局限于成为一家出租车公司，其业务范围正在不断扩张，逐步涉猎直升机、送餐、快递、生活服务、司机的汽车融资贷款服务等，这些创新业务很有可能像颠覆出租车行业一样颠覆更多传统行业。

中国和硅谷相比，有类似的创业沃土。里德·霍夫曼在腾讯的WE[②]大会中提到，中国和硅谷都有广阔的本土市场、大规模的风险投资、世界上数量最多的技术人才以及创业所需的生态系统。

---

① 李玮，《图解：Uber正在摧毁出租车行业》，腾讯科技，2015年3月2日。

② 为未来而来，发挥群体智能，协作创新。

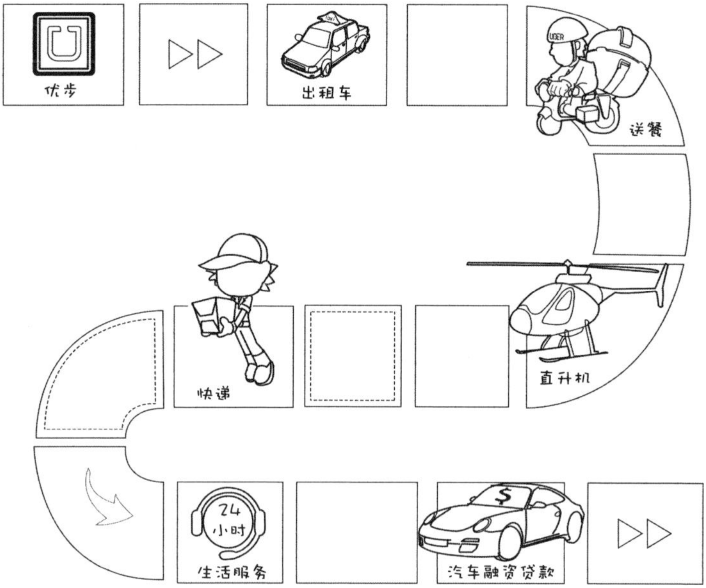

图 2–2 优步成长历程

在"大众创业、万众创新"的背景下，大量"众创"平台蜂拥而出，争相提供创业者所需的全部资源和服务。创业者"拎包入住"之后，只需要做自己最擅长的事情，其他都交给众创平台来解决，不用像以前靠关系才能开设公司或贷款。

由于创业有了充分的资金支持，优秀人才薪水在哪家公司都照拿，还可能有发展机会，所以人才的选择不一定是大公司，创业公司的吸引力在提升。

加上移动互联信息透明，产品和用户体验至上，口碑而非公司大小决定成败，创业公司在移动互联时代拥有前所未有的利好环境。

中国，正在迎来草根创业的春天。

案例：腾讯开放平台①

“互联网+”已经开始改变人们生活的方方面面。随着草根、基层人群的加入，创业与就业的界限越来越模糊，“大众创业、万众创新”之风扑面而来。在此背景下，腾讯开放平台将投入七大能力扶持创业者。

（1）25个“众创”空间：由腾讯联合当地政府共同打造，不仅可供创业者办公，同时还配套大量第三方资源，例如辅导、培训、公司注册、人才、法务、金融、当地创业支持政策等。

（2）100亿“实打实的移动流量”，在未来三年累计投入100亿流量资源，扶持出100家市值过亿元的创业企业。

---

① 袁子文，《腾讯众创空间提供七大能力孵化创业》，腾讯开放平台，2015年7月。

（3）1 000 亿元“产业基金”，联合达晨创投、九鼎投资等知名众创投资联盟成员，为创业者准备了 1 000 亿元创业基金，解决创业初期的融资难题。

（4）三个“能力平台”，汇聚腾讯内部资源，开放分享给创业者。例如以微信、QQ 为代表的应用平台，腾讯网为代表的内容平台，以及腾讯云、广点通、微信支付为代表的能力平台。

（5）10 亿“众创新三榜”，提供 10 亿元资源打造创业财富榜、创新人物榜和投资伯乐榜，帮助优秀创业团队加速起飞。

（6）六个月“云计算扶持政策”，携手腾讯云，为创业团队提供 6 个月免费、6 个月五折加 12 个月 VIP（贵宾）折扣的云服务扶持。

（7）一所“创业大学”，腾讯众创空间联合长江商学院推出长青腾创业营，打造属于创业者的黄埔军校。到 2015 年 12 月，首批 40 位 CEO 学员公司总估值超过 600 亿元。

大公司和小公司相比，有先天资源的优势。但大企业病也可能会打败这种优势。

和小公司相比，大公司流程多、层级多、新业务和老业务利益纠缠、官僚运作容易磨灭员工激情，员工变得被动、缺乏积极性。这些原因，会让大公司丧失速度，创新变得困难。

移动互联时代，企业的生存环境第二个深刻的变化是，颠覆和被颠覆的概率大增，大小公司站在了同一起跑线上。真正的赢家，需要既有小公司速度和创新，又有大公司的资源优势。

此时代，非彼时代——产品、用户、口碑至上

在店铺为王的时代，我们买东西很难一家家去比较价格，即使比较也只是局部的、小范围的比较，无法掌握这个产品的市场参考价格。在那个时代，话语权被传统媒体紧紧把控，企业只有支付高昂的广告费或“媒体合作费”才能通过媒体发声。

这种信息不对称，易导致商品价格偏离合理范围，使消费者到手的商品性价比不高。顾客只是单纯的消费者，无法充分反馈使用心得、建议给企业。顾客又是分离的个体，无法形成有影响力的群体、发出更大的声音。即使产品质量有瑕疵，企业也可以忽略个别消费者的投诉，或者处理好他们

的投诉就万事大吉。

在这种背景下，企业可以不那么照顾消费者的情绪，不少急功近利的企业片面追求广告效应，夸大功能。1980—2000年，中国保健品产业的模式基本就是，极低的研发和制造成本+夸大的功效+狂轰滥炸的宣传。它们的知名度很高，美誉度很差，阶段性赚得满盆满钵。

今年过节有好礼，凭什么还收脑白金

大约20年前，民众获取信息的渠道非常单一，主要是通过电视、报纸了解信息，媒体的权威性、影响力非常大。民众对产品缺少了解，对媒体的宣传容易轻信。在这一背景下，中国市场出现了一波波的保健品热，三株口服液、红桃K、太阳神、脑黄金……瞬间红遍大江南北。

巨人集团创始人史玉柱依靠一款脑黄金迅速发达，在遭遇债务危机破产后，史玉柱又策划了脑白金，还是同样的战术和打法。这款成本只有十几块钱的产品，依靠在央视和各大卫视、报纸狂轰滥炸的广告“今年过节不收礼，收礼还收脑白金”，再次取得销售奇迹，让史玉柱东山再起。

然而今天，即使是史玉柱，估计也难以再现当年的辉煌。

一个典型的事件是史玉柱后来与茅台合作推出了茅台黄金酒，在投入了巨额推广费用之后，虽然取得了一定的市场业绩，但与当年脑黄金、脑白金的辉煌已经相距甚远。

随着移动互联网的普及，相信海量民众有海量途径在海量产品中选择最中意的那一款，“今年过节有好礼，凭什么还收脑白金？”

在移动互联时代，消费者与企业沟通的渠道变得多样、通畅、成本低廉。所有商品的价格可以便捷获取，随时随地，一目了然，利于购买性价比高的商品。

有了微博、微信后，企业可以经营自己的自媒体，有的企业自媒体已经有数百万、上千万粉丝。借助同样的工具，消费者既可以成为自媒体，也容易结成团体对外发声，每个人都可能成为社会化媒体关注的热点。

在这种情况下，企业很难再无视消费者的呼声。

移动互联时代，企业的生存环境第三个深刻的变化是，靠广告忽悠消费者的旧的圈钱模式迅速没落，对产品、用户体验、口碑的追求，使企业有机会在短时间内依靠创新手段聚集大量用户，加快产业升级换代的步伐，进而加速新公司的崛起和旧公司的衰败。

本章小结

机会窗口期缩短——速度制胜

颠覆和被颠覆的概率大增——大小公司身处同一起跑线

- 路径依赖是大企业创新的致命伤
- 草根公司可以颠覆行业巨头

此时代，非彼时代——产品、用户、口碑至上

第三章

找到风口，猪也能飞？

——持续成功 = 战略 × 组织能力

胜兵先胜而后求战。

——《孙子兵法》

《孙子兵法》中有条战略原则，即“胜兵先胜而后求战”，意思是打胜仗的军队总是先有了胜利的把握，才寻求战机同敌人交战。战前要有准备，创造必胜的各种条件，清除影响胜利的各种风险，造成未战先胜的局面，然后再战，则战无不胜。

移动互联时代，企业如何成为“常胜将军”？我们认为创造必胜的两个条件包括：

战略方向：企业是否持续找到高获利、高成长的空间？

这就是常说的“找到风口，猪也能飞起来”。

组织能力：你的团队是否比竞争对手更有效地执行战略？这可以理解为“持久地飞翔，必须有强壮的翅膀”。

移动互联时代的企业同样要遵循“持续成功=战略×组织能力”方程式，二者是乘法的关系，而不是加法的关系，这意味着二者缺一不可。

在移动互联浪潮下遭遇失败，要么是战略错了，要么就是组织能力发生了问题。

图 3–1　持续成功 = 战略 × 组织能力

敏锐捕捉环境变化，找对风口是前提

走出对过往成功路径的依赖

让我们先来反思几个曾经风光无二，最终落寞的企业案例。

柯达——在曾经的风光里看不见前方

全世界第一款数码相机其实是由柯达的相机工程师史蒂夫·萨松在1975年发明的，当时柯达公司高层拿着那台仅有一万像素的数码相机原型对他说："这玩意儿很可爱，但你不要跟别人提起它。"柯达在发明出第一台数码相机后没有重视继续研发，而是妄图通过专利保护将数字影像技术雪藏起来，以保护现有产品。①

到了2000年，一直处于胶卷业务垄断状态的柯达真正意识到错过了数码影像机会的痛苦——2000—2003年，其胶片业务下滑了70%，而数字产品只占其总收入的22%；2007年公司开始亏损；2012年1月，柯达申请破产保护。

就这样，一个时代的传奇陨落了。

柯达曾经是世界上最大的影像产品公司，占有全球2/3的胶卷市场。柯达从来都不缺少技术储备，它曾经站在照相技术的巅峰，拥有一万多项专利技术。殊不知，在专利保护范围之外，大量数字技术扑面而来，一些企业在充分借鉴柯

① Raymond Wang,《柯达一步步走向衰落，都有哪些关键结点和原因？》，知乎日报。

达专利技术的同时，巧妙地绕开了专利保护的障碍，开发出更廉价的数码产品，当柯达意识到问题的严重性时，为时已晚。

百事达——依然在原来的模式里矗立

百事达是一家音像租赁公司，由于拥有别人无法企及的规模优势，依靠遍布各个社区的音像租赁连锁店，很快击溃了零散的音像店，百事达迅速成为美国DVD（数字光盘）租赁行业巨头。

1997年，一家叫奈飞的公司成立，没有店面，没有营业员，但是，它做了很多运营优化。比如，个性化推荐系统能引导用户更多地去看老电影、长尾电影，提高DVD库存的使用率；跟制作方谈分成交易，减少购买DVD的固定成本。奈飞上市一年后（2003年），虽然营收规模只是百事达的1/20，但是在这个规模下，它已经实现了盈利。

百事达公司的CEO吉姆·凯斯一度对奈飞不屑一顾，他曾经宣称："坦诚地讲，我被人们对奈飞的钟爱困惑住了，它做的事情我们都可以办到甚至已经办到了。"①

① 詹瞻，《巨头打盹：百事达为什么会失败》，Techweb，2011年4月。

奈飞成立两年后，百事达还可能以仅仅 5 000 万美元收购奈飞，这对于它在 2001 年进行的 50 亿美元 IPO（首次公开募股）来说，就是一笔零花钱。但是，百事达拒绝了所有诸如此类的选择。

2013 年，百事达破产。

百事达的商业模式存在几个问题——店面租赁费用高昂，店面必须依靠人力运营，购买正版 DVD 也需要一大笔开支。对比百事达高固定成本（租赁店面、人力、DVD），奈飞的商业模式要“轻得多”，还做了很多运营优化。百事达的问题与其他衰落中的零售商都非常类似——未能足够迅速地适应改变中的商业环境和消费者习惯，这种封闭的思维及对大势判断错误是导致百事达最终破产的关键原因。

诺基亚——在过多顾虑中错失机会

想当初，诺基亚几乎就是手机的代名词，曾连续 14 年占据市场份额第一，是当之无愧的移动老大。但是，今天它已成为记忆，没有成就如广告所言的生活经典，以至于太多的人为它叹惜。

诺基亚从智能手机金字塔塔尖垂直坠落，iPhone 只是环境因素，真正的原因是诺基亚保护塞班系统的投资。因此有媒体说：“苹果发明了绞刑架，安卓把它搬到了诺基亚面前……然后，诺基亚自己走了上去……”

2009年，安卓手机只有1.6%的市场份额，到2013年底，这个数字魔术般地变成了80%[①]，尽管诺基亚的高管认识到了自己的手机需要一个比当时的塞班系统更好的操作系统，以和苹果的操作系统（iOS）竞争，也知道研发需要数年，却害怕在当时公开承认塞班技不如人，因为担心如此一来会被外部投资者、供应商以及消费者认为是失败者，从而被他们抛弃。

传统纸媒公司——偏执于已经贬值的身价

《华盛顿邮报》是继《纽约时报》之后美国最具声望的报纸，该报曾18次获普利策奖。率先对“水门事件”进行独家报道，并最终导致美国前总统尼克松下台，更让该报闻名于世。2012年10月，创刊136年的《华盛顿邮报》被电商巨头亚马逊创始人杰夫·贝索斯出资2.5亿美元，以个人

---

① 王冠，《是谁杀死了诺基亚？苹果不是真凶》，腾讯科技，2014年8月6日。

名义收购。[①]

这次收购事件震惊世人，但并非没有先例。

2012年8月初，《纽约时报》宣布将旗下的《波士顿环球报》及其他新英格兰媒体资产以7 000万美元低价出售给波士顿红袜队主要所有人约翰·亨利。1872年创刊的《波士顿环球报》已有140多年历史，一度为波士顿地区发行量最大的报纸，读者以社会精英及知识分子为主。1993年，《纽约时报》公司以11亿美元将之收归旗下，创下当时报社收购价最高纪录，但最后却仅以不足收购价1/10的价格卖出，让人唏嘘不已。[②]

随着消费者阅读习惯不可逆转地从线下转到线上，自媒体的出现，网络终究将作者和读者之间的屏障消除。因此，以报纸为首的传统媒体CEO们如果不提早布局，积极转型，只能面对退出历史舞台或低价出售的结局。

一时获胜不难，难就难在“常胜”二字。如前文所说，成功的公司最容易对过往的成功产生路径依赖，正如人不可

---

① 《新媒体冲击传统纸媒》，大公网，2014年2月21日。

② 克莉丝·豪格里，《纽约时报公司出售波士顿环球报》，纽约时报中文网，2013年8月5日。

能抓自己的头发离开地球一样。

综合四个案例，这些曾经备受世人敬仰却最终没有成为"常胜将军"的公司决策者有两个共同特征：

（1）过度依恋现有的资源优势，失去了对环境变化的敏锐捕捉能力；

（2）没有持续寻找新的高获利、高成长空间。

在变化的环境中驾驭机会

环境的变化分为经营性变化（Incremental Changes）和结构性变化（Radical Changes）。前者的环境结构是稳定的，只发生数量上的改变，例如中国联通降价对中国移动带来的影响都是可以预见和控制的。而后者的环境则发生性质上的改变，例如微信对中国移动造成的影响是难以预见和颠覆性的。移动互联技术就是一种结构性变化。

在经营性变化的环境里，CEO制定战略时需要三分考虑外在环境变化，七分考虑企业现有资源优势（如技术、渠道、客户、供应商等）和组织能力。

但在面对移动互联这种结构性变化时，领导者制定战略时必须七分关注外在环境变化，时刻保持危机意识和开放心态。只有先于他人捕捉到变化的端倪，才能将公司有限的资源不断专注于高成长、高获利空间上。

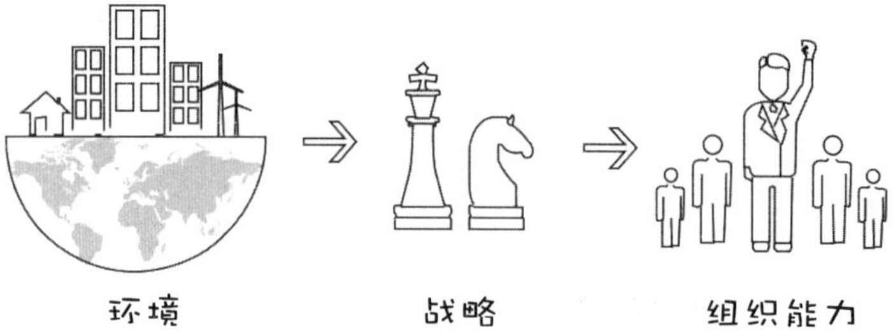

图 3–2　制定战略

在创业阶段，公司处于All In（全押）状态，找到高价值高成长空间的确紧迫性更高，一旦战略出现差错，公司将无法生存。

寻找高获利、高成长空间的三大途径

大自然中，有一种小小的动物——蚱蜢，它的生活习性很有特点，它的两条后腿特别长，在后腿的上半部鼓起厚实而耐劳的肌肉，里面储藏着大量的能量，在行走时显得很笨拙。当蚱蜢准备跳跃时，它的 4 条小腿将身子前半部撑起，后腿弯曲，然后突然伸直，迅速释放储藏的能量，把自己射向空中。它的这项绝技，可以跳过相当于身长15~20倍的距离，而且不需要助跑！这样一蹦一蹦地向前跳动，速度要比大多数靠奔跑行进的昆虫快10倍。

蚱蜢身板短小，能量有限，但通过一套周密布置的动作，完成流畅、连贯的跳跃，保证了其他昆虫望尘莫及的速度。

同样，企业的资源和高管的精力也是有限的。每一次成功的前行，都需要像蚱蜢这样周密布置动作，才能达到别的企业无法企及的高度。那么，持续寻找高获利、高成长空间的周密动作是什么？

我们认为可以从新客户、新地区、新业务三条路径，进行取舍和阶段性考量，定出战略的优先次序。

通常，在本国市场够大的情况下（如中国），先从新客户成长壮大入手，然后再在新地区或者新业务进一步发展。

以下，我们从新客户、新地区、新业务这三个维度思考如何寻找高获利、高成长空间。

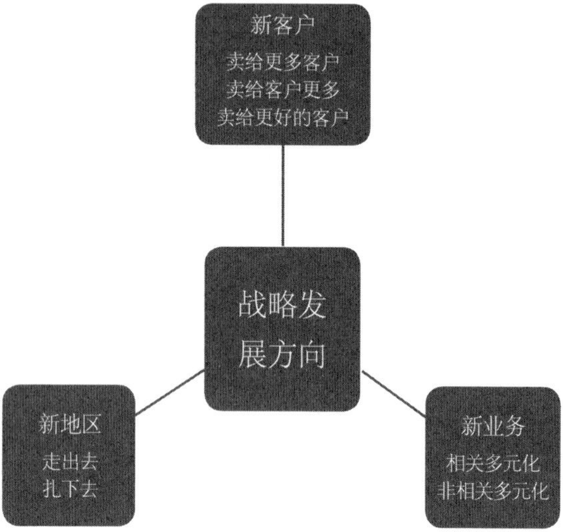

图 3–3　战略发展方向

新客户

企业想从现有业务和现有地区寻找新的客户，可以做什么？

第一，卖给更多客户。通过提供客户更高价值或更好体验，实现客户数量增长，增加市场占有率或渗透率。

第二，卖给客户更多。通过品类扩展，实现交叉销售和个性化推荐，从现有客户身上实现更高的平均销售额。另外，提升客户忠诚度和留存率，也是在每个客户身上卖更多的关键途径。

第三，卖给更好的客户。20%的客户往往会为公司带来80%的利润，公司需要分析各类客户的情况，围绕高利润客户群提供更好服务和产品，确保他们的留存。

新地区

如果公司专注于原有业务，可以做什么？

第一，走出去。将主营业务扩张到海外乃至全球。

第二，扎下去。将渠道、服务等从一线、二线城市下沉到三线、四线城市，甚至更下级的县、市。

新业务

如果企业选择业务多元化战略，可以做什么？

第一，相关多元化。基于主营业务优势或掌握的用户大数据，进入产业上下游或相关延伸业务，拓展新的获利成长空间。此外，技术的迭代也促使企业开拓新业务。例如，随着PC互联网快速转到移动互联网，很多互联网企业必须开拓新的移动业务，不然跟不上技术发展，必被淘汰或边缘化。

第二，非相关多元化。进入与主营业务不太相关的业务。在移动互联时代这种战略需要慎重，因为企业一旦分散精力，往往难以在主营业务做精做大。这种情况只能在主营业务行业空间有限，在主营业务产生的资金超过了主营业务财务扩张所需要的资金等情况下考虑。

京东

新客户

第一，卖给更多客户。成立于 1998 年的京东起家于计算机、通信和消费类电子产品（3C 产品），通过多、快、好、省的电商战略，帮助消费者节省大量购物成本，加上正品、优质服务等口碑实现了客户的快速增长。

第二，卖给客户更多。京东从 2007 年开始，坚持开展全品类战略，就是因为顾客在 3C 之外，还希望买到更加丰富的商品，京东满足了他们的需求。

第三，卖给更好的客户。例如，京东做过一个数据分析，20% 的客户可以带来巨大利润，而最差的 20% 的客户却带来亏损，数据说明优质客户对提升盈利能力至关重要。

新地区

第一，扎下去。2014年开始，京东开始推行“渠道下沉”战略——在农村，大家电价格比电商平台普遍高10%~20%，这意味着农村电商市场存在巨大的市场机会；而电商在3—6级城市的发展，关键瓶颈之一就是物流配送。因此，京东多年打造的自建物流系统正在悄悄地向广大3—6级城市覆盖，并通过“京东帮服务店”结合商品、主干道物流、宣传、移动入口下沉，系统化解决家电下乡的“最后一公里”难题。

第二，国际化。2015年4月，京东正式上线“全球购”业务，消费者可以便捷购买到来自美国、法国、英国、日本等多个国家和地区的优质商品。与此同时，京东还将“走出去”，将“质好价优”的中国品牌带到全球，并将其独具竞争优势的“仓配客一体化”先进服务模式逐步复制到海外，提高海外用户的服务体验。

新业务

相关多元化。从2013年开始，京东创始人刘强东决定，每一年公司必须投资一个大的新业务，这个投资要3~5年以后才能真正为集团创造收入，创造利润。在这样的背景下，京东围绕电商消费者需求，发挥金融、技术优势，提供售后增值服务，从电商这一主营业务，衍生出京东金融（互联网金融）、京东到家（O2O服务平台）、京东智能（云和大数据服务）等相关多元化业务。

华为

新客户

第一，卖给更多客户。华为从1988年成立之初，就面临来自西方强大友商的残酷竞争，倒逼出了“从农村包围城市”的战略。华为用10年左右的时间，磨炼了电信设备产品和解决方案的品质和口碑，将客户从最开始偏僻落后的县级邮电局，拓展和升级到全国性的电信运营商。从产品模块看，1999年前，华为主要销售产品还是电信设备；2000年后，华为加大了终端设备的研发销售，2015年，华为终端销售额近200亿美元。此时，华为从单纯的电信设备供应商，变成了集电信设备、终端产品研发、销售于一体的综合信息技术企业集团。

第二，卖给客户更多。华为在创业初期就坚持每年将销售收入的10%投入研发，其产品线不断丰富。华为的产品和解决方案从1990年第一次自主研发的酒店与小企业的PBX（程控交换机）技术开始，拓展到包括无线接入、固定接入、核心网、传送网、数据通信等领域，到端到端解决方案的业务品类拓展，实现了面向电信运营商的全面需求。

新地区

国际化。走出去，华为在研发和技术上的长远储备，及其在中国市场磨炼出的和西方友商的竞争经验，为其走向海外打下了坚实基础。从1999年开始，华为采取“亚非拉包围欧美”的战略进入全球市场，首先在非洲、东南亚和拉丁美洲等不发达国家和地区取得突破，然后进入欧洲、日本、澳大利亚等高端市场。

华为在进入国际市场早期的主要优势仍是低成本和低价格，而到现在，领先的技术、优质的产品和服务、本土化的组织策略和快速响应机制，已经成为华为国际化竞争的核心能力。目前，华为的产品和解决方案已经应用于全球170个国家和地区。2014年，华为在电信设备领域已经超越爱立信，成为全球第一。

新业务

相关多元化。多BG（事业群）运作。从2009年开始，华为跻身全球第二大电信设备供应商，为了保持持续增长，并为适应信息行业正在发生的革命性变化，华为做出面向客户的战略调整，致力于“云—管—端”协同发展，这意味着华为从单一的面向电信运营商的网络设备业务向企业业务、消费者业务领域延伸，并将组织模式从面向运营商的职能式模式转变为包含运营商、企业业务和消费者业务的三大业务单元。

截至2015年底，华为销售收入超过600亿美元，对比2011年的320亿美元，再造一个华为的目标在短短4年间已经实现。其中，消费者业务销售收入超过200亿美元，占华为总营收的1/3，已经处于改变产业格局、全球崛起战略机遇的拐点上。

找到风口，企业就可以飞了吗？

互联网行业有句名言：“站在风口，猪也能飞。”即是说，企业找对战略方向，其他都不是关键。无可厚非，找对战略，企业顺势而为，容易快速成长，傻瓜也可以发大财，猪也可以飞起来。

受“风口论”影响，很多人认为移动互联时代最重要的是战略，组织能力并不重要。事实上，只关注战略是远远不够的——既然是“猪”，又能够飞多久呢？抓住风口，企业快速变大，会让内部管理的复杂度大大增加，而竞争对手看到风口，可以快速把蓝海变成红海。所以，风口只能为企业提供一个时间窗口而已，没有健壮的翅膀，“猪”最后还是会重重地摔下来。

企业找对战略方向，确立符合移动互联时代的商业模式，接下来的挑战，是你的团队能否比竞争对手更快更好地执行新的战略，组织能力对于企业能否成为“常胜将军”变得非常关键。

打造组织能力的难度更大

虽然战略和组织能力都很重要，但二者相比较，后者的难度来得更高。中国企业家的商业嗅觉都非常灵敏，经常能够抓住“大风口”，但是如果团队战斗力不行，即便看到了肥肉最终也吃不到。

例如，在互联网行业，将谷歌推向巅峰的“搜索引擎+广告”模式最早其实是由雅虎发明的，团队执行的差异导致谷歌走向了辉煌，而雅虎走向衰落。BAT从诸多竞争对手中脱颖而出，其实它们的战略方向和商业模式都不完全是原创，靠的还是团队能在中国比竞争对手更快更好地执行公司战略。如米聊与微信、美团和点评，战略都是趋同的，最终制胜关键也是团队能否比竞争对手更快更好地执行战略。

组织能力不易被复制

新的战略学习和复制不难，要有效执行这些战略的组织能力是不容易复制的，必须长期用心打造才行。

同样在风口，若没有匹配和健壮的组织能力，企业领先优势将难以持续。

小米就是一个经典例子。凭着新的高性价比的产品设计和创新营销手段，小米创造了3年内营业额超过100亿元的奇迹。但过了几年，举目一看，复制小米手机模式的企业风起云涌。小米要持续成功，还需要静下心来，学习华为厚积薄发的组织能力。

图 3–4　战略与组织能力

华为vs小米：龟兔赛跑，胜在组织能力[①]

小米在中国手机市场扮演了黑马角色，从一家名不见经传的新来者，赢得全球媒体关注，成为获得显著市场份额的主导型厂商。

但是，到了2015年底，根据市场研究机构集邦科技（TrendForce）的调研报告，华为手机的出货量达到1.09亿部，而小米是7 240万部，没有达成年初设定的“8 000万到

① 晨曦，《外媒看中国：华为手机为何能反超小米？》，腾讯科技，2015年10月25日。

1亿部”的目标，华为与小米的市场份额差距已增至1.5倍。

小米前期的爆发胜在风口的选择，其首创的以高性价比、饥饿营销为核心要素的“互联网手机”模式，给中国手机业者带来了一场观念地震，几乎所有的中国手机企业“要么已经在模仿小米，要么在去模仿小米的路上”，在中国市场的竞争对手纷纷采取“复制小米以抑制小米”策略，包括华为——华为“荣耀”新品牌的手机销量在一年之内能够从100万部增加到2 000万部，秘诀就是“复制”了小米商业模式。

在这场龟兔赛跑中，华为最终将小米抛在了身后。华为胜在遥遥领先的技术研发实力和专利库、业务国际化。

技术研发和专利

在产品研发和工业设计方面，华为的进步十分明显，开始从塑料机身演进到金属机身，2015年下半年，作为其研发和设计实力的最直接证明，华为和谷歌合作，研发了本年度两款诺希斯（Nexus）品牌高端智能手机中屏幕更大、价格更贵的一款。

华为之前一直是一家世界级的电信设备制造商，这使得华为在移动通信领域的技术积累和专利数量，远远超过小米在内的中国其他对手。一个数据显示，华为有关手机的发明专利数量超过1.2万件，小米公司仅为10件。华为自有品牌麒麟芯片，使得华为可以推出在全球性能一流的手机产品，比如在压感屏幕使用上，华为甚至领先了苹果。

业务国际化

受到电信设备业务国际化的推动，华为智能手机业务的国际化也遥遥领先于小米。小米被称之为“中国的苹果”，但是华为已经做到了“世界独一无二的华为”。

在攻打美国市场受阻之后，华为手机业务将欧洲市场作为重点，许多高端手机选择在英国伦敦举行发布会，华为手机业务也在海外建立了研发设计等分支机构。

由于长期从事企业业务，华为的国际品牌知名度长期以来较低，许多外国人甚至无法准确说出“Huawei”品牌。而在过去几年中，华为开始了大手笔的品牌营销。据报道，华为已经在多个国家赞助了30多个足球俱乐部，其中包括意大利AC米兰俱乐部。2014和2015连续两年，华为进入了国际品牌集团（Interbrand）的全球100大商业品牌名单，这也是唯一上榜的中国品牌。

有资源、能烧钱不等于战略能执行

在移动互联时代，商业大战异常残酷。以O2O领域为例，企业为了跑马圈地，烧钱在所难免，动辄每月以亿元计算。所以，不少人认为要能够忽悠投资者，具备融资能力，有钱烧到底才是成功关键，而不是什么组织能力。

当然，移动互联网企业需要快速达到网络效应，烧钱是必需的。但问题是为什么投资者愿意大量投入资金给这些企业呢？最终还是对这些企业战略方向的认可和团队执行力（特别是创始人和高管团队）的信任。有了战略并不等于执行，钱、技术都不会执行战略，人才是决定战略执行好不好最关键的因素。

房多多

成立于2011年的房多多，是一个连接买卖双方和经纪人的交易平台，致力于打破长期以来垂直房产网站依赖广告的商业模式，按照成交收取佣金。房多多用了3年时间，估值达到数十亿，完成交易额2 000亿元。

房多多CEO段毅在回顾创业历程时说：“转型互联网，

99%的人有一个误区，传统企业认为我们最大的资源是我们有客户，行业深耕很多年，有资源可以带进来，上市公司说我有钱，小公司没法活。我出来创业，一个人把原来公司处理掉，背着包去了深圳，我们在民房里工作，没有资源，没有钱，如果做不成就回去带孩子，唯一有的资源就是我的合伙人。”①

事实证明，房多多的多轮融资一直都比较顺利，原因就是房多多的合伙人团队。在投资人卫哲看来，房多多创始团队堪称“最好的互补型组合”：段毅擅长战略，担任CEO；曾熙重执行，担任COO（首席运营官）；李建成来自腾讯，担任CTO（首席技术官）。他们有各自的行业积淀，还是有着共同价值观的中欧同学——一上阵就具备了协作的基因，是真正有合伙人文化的团队。②

① 房多多CEO段毅在“杨三角学习联盟”活动的嘉宾对话，2015年11月5日。

② 徐辉，《房多多的阿甘正传》，商界，2015年9月。

本章小结

持续成功=战略 × 组织能力

移动互联是一种结构性变化，CEO需要敏锐捕捉环境变化，持续找到高获利、高成长空间

寻找高获利、高成长空间的三大途径是：

- **新客户：**卖给更多客户、卖给客户更多、卖给更好的客户
- **新地区：**走出去、扎下去
- **新业务：**相关多元化、非相关多元化

战略容易模仿，只有组织能力才是真正的竞争壁垒。移动互联时代，组织能力没有out

第四章

自我革新，才能持久飞翔

——移动互联时代组织能力与以往有何差别

最大的敌人，就是你自己。

——佚名

鹰是世界上寿命最长的鸟类。它一生的年龄可达 70 岁。活到 40 岁时，它锋利的爪子开始老化，无法有效地捕抓猎物。它的喙变得又长又弯，几乎碰到胸膛，不再像昔日那般灵活。它的翅膀开始变得十分沉重，因为它的羽毛长得又浓又厚，使得它飞翔起来十分吃力。它不得不面临两种选择：一种是等死，另一种是经过五个月十分痛苦的更新过程。

为了新生，它筑巢于悬崖之上，停留在那里，首先用它的喙用力击打岩石，这是个反复流血的过程，但再痛再苦，它依然坚持到底，直至它的喙完全脱落，再静静地等候新的喙长出来。之后，鹰就用它新长出的喙把脚趾甲一根一根拔出来，当新的脚趾甲长出后，鹰再把那些沉重的羽毛一根一根地拔掉。以上“煎熬”的过程，须持续五个月，新的羽毛长出来了，鹰又可以开始飞翔了。

真正的赢家只和自己赛跑。移动互联时代，组织能力成为企业间真正的竞争壁垒。和鹰的重生道理一样——培育新的组织能力，需要痛苦的自我革新。

那么，到了移动互联时代，企业需要新生的组织能力是什么？

组织能力＝团队整体发挥的战斗力

组织能力的定义

组织能力指的是“团队整体发挥的战斗力”。组织能力指的不是个人能力，而是一个团队（不管是 10 人、100 人，或是 100 万人）整体所能发挥的战斗力，是一个团队（或组织）竞争力的基因，也是一个团队在某些方面能够明显超越竞争对手、为客户创造价值的能力。

真正的组织能力具备以下三个特点。

第一，深植于组织内部而非个人，有可持续性

例如，丽嘉酒店面对的是高端客户，它的组织能力是卓越的个性化服务，你甚至不知道丽嘉的CEO是谁，但是客户无论到全球哪一家丽嘉酒店，都能享受到同样卓越的个性化服务。

中国有很多能人企业，企业可以在董事长或CEO的英明领导下取得快速成长，但是在能人离开或者出了问题后，整个企业就会走下坡路甚至瘫痪，这类企业强调的是个人能力，而不是组织能力。

第二，给客户带来价值

评判公司组织能力比较客观的裁判是客户，而不是管理团队本身，所以组织能力必须能够为客户创造价值并得到客户认可。

例如，美国西南航空公司的目标客户是短途、高频率飞行的顾客，它为客户提供的价值是“低成本、速度和快乐”。3M（明尼苏达矿务及制造业公司）成立于1905年，经历了多代CEO的转换，但公司仍然不断在不同领域涌现令客户惊喜的创新产品。

第三，明显超越竞争对手

组织能力要明显超越竞争对手。

例如，所有的电信设备企业都在谈“以客户为中心”，但是真正像华为这样把客户当成衣食父母的却少见——所有友商都希望客户买更多套产品来赚取更多服务费，但华为却主动研发出把三套标准整合在一个机台上的设备，帮客户省下了50%的成本；当友商在日本福岛核灾、埃博拉病毒面前大举撤退时，华为反而加派人员……这些做法让华为在“以客户为中心”方面明显超越了竞争对手，因此成为华为的组织能力。

组织能力要聚焦、清晰

优秀的公司往往在两三个方面展示出众所周知的组织能力。如果什么都做，反而无法集中资源建立优势，导致样样平庸。

清晰界定组织能力，有助于企业自我提升。很多企业家或高管其实在脑海中隐隐约约已经意识到了公司所具备的组织能力，但因为没有郑重地把这些能力明晰地界定下来，以致团队没有集中精力和资源来关注、开发这些能力，客户也无法清晰地体验公司所希望创造的价值，因此丧失了自我提升的契机。

创造性工作的重要性日益凸显

为了了解移动互联时代所需要具备的组织能力与传统工业时代的差别，我们近年对美国、欧洲和中国在管理创新方面非常有影响力的13家互联网公司进行了实地拜访或深入研究，发现标准化工作面临被创造性工作取代的趋势。

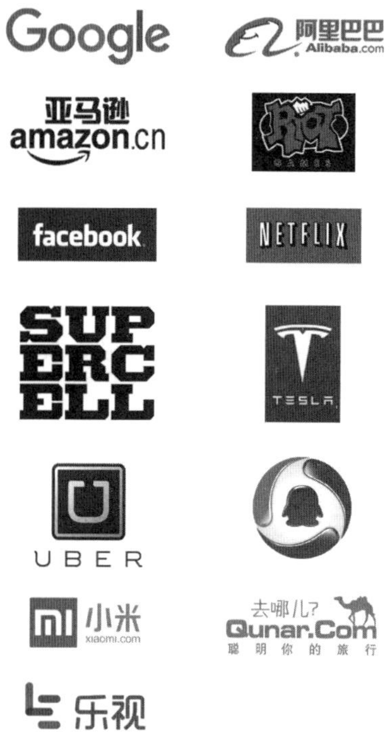

图 4–1　13 家有影响力的互联网公司

标准化工作vs创造性工作

工业时代，工作的关键词是“标准化流程”

过去一百多年的工业经济时代中，绝大多数企业从事的是标准化流程工作，不管造车、盖楼还是餐厅服务，它们的产出都是事先确定好的，提供有形的实物或者明确的服务。由于产出事前明确，企业可以通过流程标准化确保大规模复制的质量和效率。

因此，我们发现，这个时代最流行的管理工具，如持续改进（Continuous Improvement）、流程再造（Process Reengineering）、六西格玛（6-Sigma）等，核心都是通过流程标准化来改善质量、成本和交付速度。

在这样的背景下，员工主要角色是配合流程和规章制度办事，创意要求通常不高。从20世纪初的以泰勒为代表的科学管理学派，到20世纪末的流程再造大师迈克尔·哈默（Michael Hammer），都是因循这种组织管理思路。

移动互联时代，工作的关键词是“创造性烧脑”

移动互联环境里，商业模式、产品和服务的创新层出不穷，企业更多从事的是“烧脑”，而非“烧体力”的工作。

人们经常事先并不知道最终的产出是什么，其产出更多的是无形知识或难以标准化的服务，需要“摸着石头过河”，不断尝试、调整、验证，以符合客户需求。例如微信，尽管已面世几年，但它最后演变成什么样子，相信没有人知道。因此，走标准化流程的路径已不能保证产出，而人才的创意能力和投入质量，才是无形工作的最佳保障。

表 4–1　流程性和创造性工作对比

类别	流程性工作	创造性工作
工作	重复性、变化小	创新、快速迭代
产出	• 事先知道 • 有形的实物或明确的服务 • 可以标准化的流程	• 事先不知道 • 无形的知识或制作 • 需要不断尝试过程

移动互联时代，创造性工作成为主流

机器人将取代大量制造性工作

我们正在接近一个关键的门槛，就是使用机器人的成本比雇用一个工人的成本低 15%。这个门槛在美国、欧洲和日本的汽车行业已经被跨过——使用机器人进行点焊的每小时成本为 8 美元，人工则是 25 美元。未来，45% 的制造性工作将可能被机器人取代。韩国目前在这方面居领先地位，制造业每 1 万名雇员配置有 440 个工业机器人，其次是日本和德国。

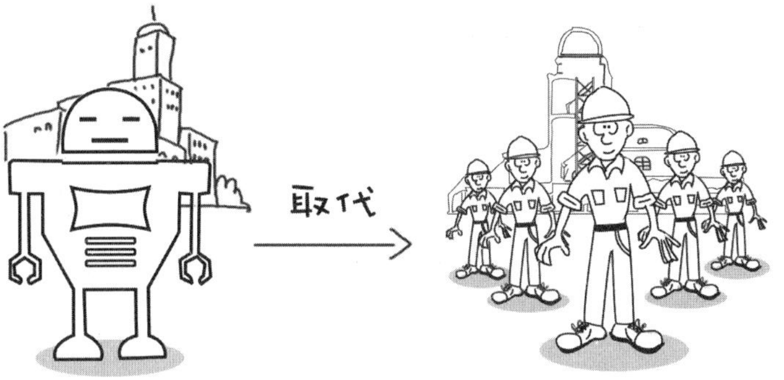

图 4–2　机器人时代

美国银行在一份报告中预计，最早在 2025 年，机器人和其他形式的人工智能将把这个世界改变到人们几乎认不出来的地步，它们将以一股“创造性破坏”的旋风打破旧有商业模式，这种转变的影响最终每年将达到 30 万亿美元甚至更多。[①]

机器人的普及带来的社会后果就是，就业市场底层的人如果不接受再教育，将难以再找到工作。而有创造力的人，

① 责任编辑朱方雨，《机器人或撼动全球经济秩序:10 年内承担 45% 制造业》，参考消息网，2015 年 11 月 7 日。

将更加抢手。

按章办事的服务性工作也将岌岌可危

2016 年 3 月，谷歌围棋人工智能阿尔法围棋（AlphaGo）与韩国顶尖棋手李世石的比赛吸引了全世界的关注。最终，阿尔法围棋以 4∶1 的总比分战胜李世石。这场可以载入史册的“人机大战”已经落幕，但人工智能等新技术对人类工作和生活带来的巨大改变才刚刚开始。

以翻译工作为例，不断成熟的翻译软件正在冲击翻译行业。

科大讯飞：机器人 PK 速记员

专门从事智能语音研究的科大讯飞公司董事长刘庆峰提到，在 2015 年底举行的科大讯飞年度大会上，他们在北京找了业内有名的三家速录公司的 5 个速录员和机器人对决。结果是前面 1 000 个字统计结果，机器人的正确率是 99.29%，而 5 个速记员最高的只有 80.4%，最低是 67%。这说明在速录方面，机器已经超过人工。

在过去一段时间，微软、谷歌等都在不断改进旗下翻译软件，可以在对话进行时将母语不同双方的对话直接翻译成对方的语言。机器翻译目前虽不能完全取代人工翻译，但承担准确性要求不高任务的普通翻译人员将被机器彻底取代，机器翻译对翻译行业带来的冲击将会是致命的。

再以银行业为例，传统的银行工作将大幅减少。

浙江网商银行：只有 300 名雇员的银行

浙江网商银行是中国首批试点的民营银行之一，于 2015 年 6 月 25 日正式开业。这是一家数据科学家聚集的未来银行，是不设任何线下网点的名副其实的直销银行。征信模式将采取大数据分析，根据数据模型优化贷款审批流程。网商银行将普惠金融作为自身使命，希望利用互联网技术和渠道创新来帮助解决小微企业融资难、融资贵、农村金融服务匮乏等问题。

需要大家注意的一个数据是，网商银行的雇员只有 300 人，而且大部分是数据科学家。

远程开户技术让银行员工面临下岗威胁

2015 年 11 月，巴克莱银行前执行长安东尼·詹金斯在一次演讲中称：“未来 10 年，金融服务行业的员工和分支数量可能最多减少50%，即使在较不严酷的情况下，至少也会减少20%。”他认为，科技是不可阻挡的力量，可以改善客户服务、风险管理和效率，并会有新的银行成为知名银行。

安东尼的预言离中国并不遥远。中国央行在2015年12月发布了一项通知，允许银行远程开户，这是中国银行历史上的重大变革。我们知道，银行员工80%分布在各个网点，也就是说未来远程开户技术的广泛应用，将使得网点员工面临下岗威胁。

可以预见，在移动互联时代，凡是按章程办事的工种，都有可能被科技手段取代或部分取代，创造性工作将成为主流。管理重心将不再是规范流程，而是唤醒个体的创新力量。

时代的呼唤：用户导向、创新、敏捷

工业时代依靠“标准化”和“规模化”方式制造产品或提供服务，很多企业如通用汽车、富士康或者麦当劳，都采用大规模生产和大规模销售模式，降低成本、提升质量和缩短交付时间。因此，“成本、质量、效率”是工业时代最常见的组织能力。

移动互联时代，外在环境变化速度倍增，颠覆性机会无所不在，产品竞争更加激烈。我们认为，在移动互联时代那些成功的企业更需要“用户导向、创新、敏捷”这几种组织能力。

用户导向

移动互联时代的一个重要特征是话语权从企业转移到消费者手中。因此，企业必须基于用户的应用情景，找到用户的痛点或潜在需求，利用互联网技术，更高效地满足用户需求，真正为用户创造价值。

腾讯：“一切以用户价值为依归”

2016年第一季度，腾讯三款主要平台产品QQ、Qzone及微信手机端月活跃账户分别达到8.77亿、6.48亿和7.6亿。[①]此外，腾讯在移动支付、移动新闻、视频、手机安全、手机浏览器等领域都已经做到行业第一第二。

为什么腾讯可以实现这么多产品同时取得成功？正如马

① 腾讯2016年第一季度财报。

图 4–3 腾讯的三款主要平台产品月活跃用户

化腾所说，腾讯从做一款产品起家，在早期的激烈竞争中得以生存下来，关键在于“一切以用户价值为依归”[①]。

这句话的含义是：任何产品的核心功能，其宗旨就是能帮助用户，满足其某一方面的需求，如节省时间、解决问题、提升效率等（给用户带来价值）。这要求每个产品经理（团队能力非个人能力）都要“做最挑剔的用户”，将这种核心能力做到极致（明显超越竞争对手），通过技术实现差异化。

① 马化腾，《马化腾给合作伙伴的一封信：一切以用户价值为依归》，IT之家，2015 年 10 月 23 日。

谷歌："首先聚焦用户"

谷歌有一个核心理念指导所有产品的设计，即"钱的事情以后再担心，首先要聚焦用户，其他的东西自然水到渠成"。

例如，为了让用户节省搜索时间，谷歌通过预测分析技术，让用户输入几个字母时就展示搜索建议，该项功能让每位用户的每次搜索都节省了若干毫秒。虽然谷歌的销售人员担心此举会缩短客户浏览广告的时间，但公司仍继续并坚信此举值得冒险。

创新

要赢得用户的口碑和快速成长，企业需要突破传统思维框架，走和别人不一样的道路，通过新的产品、服务或者商业模式，为客户提供新的、有价值的体验。

由于创新有极大不确定性，优秀的创新公司会把目光放得更加长远，吸纳有激情的优秀人才，营造能够充分发挥他们才能的工作环境，例如积极看待失败，鼓励坦诚和畅所欲言，进行灵活的工作安排等。

谷歌：自下而上的“混沌”

作为业界公认的创新常春藤，谷歌的董事长埃里克·施密特用了“缔造原始的混沌”来描述谷歌式创新——这不是一种自上而下的有规划的创新，而是一种自下而上的“混沌”式创新。[①]

这体现在找到业界最具创新能力的人才后，鼓励他们把20%的时间用于探索感兴趣的项目，并支持他们做5~7年才会见到回报的事情。谷歌强调，管理者的任务不是规避风险或防止失败，而是打造一个不会因风险和无可避免的失误而垮台的环境。

皮克斯：走打磨精品之路

美国皮克斯动画工作室总裁艾德·卡特姆提到，皮克斯有一个核心理念，就是信赖过程。他说：“我们可以从过程中获得安全感——困难和失误是任何复杂的创意事业不可避免的，我们往往在工作过程中摸索出道路”。[②]

---

① Eric Schmidt and Jonathan Rosenberg, How Google Works, *John Murray*, 2015.

② ［美］艾德·卡特姆，埃米·华莱士，《创新公司：皮克斯的启示》，中信出版社 2015 年版。

例如，皮克斯总裁坚持了十多年的一个重要的环节就是“智囊团”。通过对每部尚在制作阶段的作品进行反馈，“智囊团”把公司有头脑、有热情、有丰富导演和制作经验的人聚集在一起，让他们挖掘和解决问题，并鼓励大家畅所欲言。“智囊团”不会把意见强加于人，没有人摆官架子，而是用坦诚之心和鞭辟入里的分析来打动人，启发导演找到将自己的作品打磨成“精品”的创新之路。

敏捷

在速度制胜的时代，企业必须快速将产品和服务投向市场，通过用户的广泛参与和反馈，不断修改完善产品和服务，实现产品的快速迭代，进而日臻完美。

大公司虽然有资源的优势，但是在移动互联时代，最大的劣势就是身形过于庞大，速度和灵活度不足。所以，我们发现那些持续领先的大公司都在坚持小公司的“敏捷”。

京东的习惯

到 2015 年底，京东员工人数已经达到 11 万人，但是执行的速度依然超快，一个典型的例子就是只用了一年多的时间，“京东帮”就铺到了全国 2 200 个县。

这是因为京东内部有一个风雨无阻坚持了 15 年的习惯，就是每天 8 点半开早会。早会要求全国每个仓库的主管经理都参加，主要讨论三件事。

第一，大家有什么需要跨部门沟通协调的。比如说由于下雨，导致某个城市配送延迟了，需要发通告等。

第二，各个区域汇报一下前一天的销售运营情况，有没有发生过什么事情，比如说停电、网络断线，因为在实际工作当中，各种各样的事情都会发生。

第三，呼叫中心会把前一天接到的客户电话进行汇总，找到改进点，在早会上讨论怎么来改，以便为客户提供更好的用户体验。

苹果：每周一的例会机制①

在 1997 年重返苹果后，乔布斯从皮克斯总裁艾德 · 卡特姆那里学到了晨会机制。在乔布斯的推动下，苹果公司每周一上午召开历时 4 小时的工作例会。这样的会议机制不仅

① ［美］拉姆 · 查兰，《求胜于未知——不确定性变革时代如何主动出击变中求胜》，机械工业出版社 2015 年版。

能让所有人同时了解所有信息，在会议现场形成坦诚的讨论与沟通，还能帮助大家放下个人得失及部门利益，最终做出符合整体最优的最佳决策、促成彼此之间的相互协作。

图 4–4　苹果例会机制

在与众多企业互动的经历中，我们发现中国企业在用户导向、敏捷两个方面的组织能力已经有一定基础，但是在创新方面仍需努力。

正如领英创始人里德 · 霍夫曼提到的："中国和硅谷相比速度更快……但中国公司大多是在用新手段改造'老'生意，而非技术本身的突破。"相比之下，他认为硅谷有非常强大的技术能力，如人工智能、虚拟现实、空间探索、生物技术、核能技术等等。

中国企业在移动互联时代如果要把握“弯道超车”的机会，需要弥补创新的短板。很重要的一点，是学习硅谷管理创新人才和鼓励创新的机制，并将这种机会做实。

个体价值崛起时代如何打造组织能力

组织能力落地的三个支柱

明确了组织能力的重点后，下一步的问题是，如何才能系统打造支持战略的组织能力呢？杨三角理论认为，组织能力落地必须有三个支柱的支撑。

员工能力：会不会？

员工是否具备组织能力所需的知识、技能和素质？

员工思维：愿不愿意？

员工是否展现与组织能力匹配的价值观、行为和投入度？

员工治理：容不容许？

公司是否提供有效的管理支持和资源，容许员工充分发挥所长？

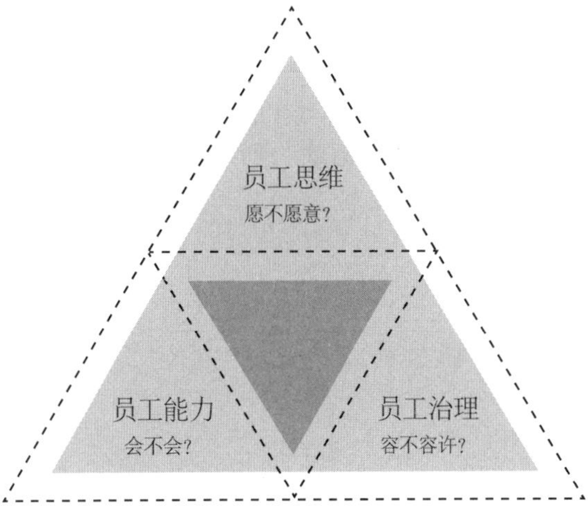

图 4–5　组织能力落地的三个支柱

从“流程驱动”到“人才驱动”

与大规模重复生产，为效率和质量而严格流程化、标准化的工业经济时代不同，移动互联时代的工作正在向创造性转移，这是一个个体价值崛起的时代。管理重心必须从“流程驱动”转向“人才驱动”。因此，企业实施上述三个支柱时，需要遵循新的理念，更好激发人才的战斗力。

员工能力：从“人海战术”转向“精兵强将”

移动互联时代，企业不太可能再像富士康那样拥有百万级员工，而更像精锐特种部队一样，更需要的是精英和专家人才，这就要求企业具有不拘一格的人才标准和独具慧眼的筛选渠道。

员工思维：从“外在驱动”到“自我驱动”

为了能够将这些精英人才留住，要建立强烈的使命和共同价值观，激励和影响这些员工，而不是依靠规章制度的约束，并且要做到利益共享，才能让员工全情投入，自我驱动。

员工治理：从“标准规范”到“灵活敏捷”

采用敏捷的小团队管理方式，对团队成员高度授权，让员工能够快速响应客户需求或来自竞争对手的挑战。不同的团队之间采取松散的耦合关系，通过信息的透明和开放的交流，以及共同的使命，确保这些小团队朝着一个方向前进。

本章小结

组织能力＝团队整体发挥的战斗力，它有三个特征：

- 深植于组织内部而非个人，有可持续性
- 给客户带来价值
- 明显超越竞争对手

移动互联时代，创造性工作将取代标准性工作，成为主流

移动互联时代尤其需要关注用户导向、创新和敏捷三项组织能力的打造

组织能力落地需要员工能力、员工思维和员工治理三个支柱的配合

移动互联时代是个体价值崛起的时代，三个支柱的重心从“流程驱动”转向“人才驱动”

第二部分

组织再造，激活个体

2008年9月15日10时，雷曼兄弟申请破产保护，消息转瞬间传遍地球的各个角落。令人匪夷所思的是，在形势如此明朗的情况下，德国国家发展银行居然在10分钟后，通过计算机自动付款系统，向雷曼兄弟公司即将冻结的银行账户转入了3亿欧元。毫无疑问，这3亿欧元是“肉包子打狗有去无回”。这个事件让德国发展银行成了大众心中“最愚蠢的银行”。

人们不禁要问，短短10分钟里，这家银行内部到底发生了什么事情，导致出现如此愚蠢的低级错误？一家律师事务所记录了雷曼宣布破产后10分钟里相关人员都做了什么，情况如下：

首席执行官乌尔里奇·施罗德：我知道今天要按照协议预先的约定转账，至于是否撤销这笔巨额交易，应该让董事会开会讨论决定。

董事长保卢斯：我们还没有得到风险评估报告，无法及时做出正确的决策。

负责处理与雷曼兄弟公司业务的高级经理希特霍芬：我让文员上网浏览新闻，一旦有雷曼兄弟公司的消息就立即向我报告，当时我正要去休息室喝杯咖啡。

文员施特鲁克：10:03，我在网上看到了雷曼兄弟公司向法院申请破产保护的新闻，马上就跑到希特霍芬的办公室，可是他不在，我就写了张便条放在办公桌上，我想他回来后会看到的。

结算部经理德尔布吕克：今天是协议规定的交易日子，我没有接到停止交易的指令，那就按照原计划转账吧。

结算部自动付款系统操作员曼斯坦因：德尔布吕克让我执行转账操作，我什么也没问就做了。

《10 分钟的悲剧》是 2008 年金融危机中让人记忆犹新的小插曲。当这一事件发生时，人们都在指责相关人员因没有尽责导致悲剧发生。但是，如果深挖一层，这个事件暴露的是科层制组织中员工缺乏主动性、机械地按章办事、部门间沟通不畅、无法敏捷应对变化的痛点。

移动互联时代，需要公司的每位员工都积极主动，敏捷应对内外挑战。产生于工业时代的科层制组织有哪些弊端？什么样的组织模式更加有效？本部分探讨移动互联时代的员工治理，共两个章节：第五章介绍科层制组织为什么不适合移动互联时代；第六章提出了“市场化网络组织”的构想，我们将分析为什么移动互联时代需要这种组织模式，及构建市场化网络组织的四个基石。

第五章

为什么常规军被特种部队取代

——员工治理的颠覆：科层制已经过时

组织内部只有成本，结果存在于组织的外部。

——彼得·德鲁克

科层制组织的弊端在移动互联时代凸显

科层制管理是由泰勒和韦伯两位科学管理学派泰斗于 20 世纪初期倡导且广为企业界认同的组织管理模式，它体现了德国式的社会科学与美国式的工业主义的结合。科层制管理认为高效的组织应该遵从以下原则：

层级分工：通过更多层级，企业可以管理更多员工。

专业分工：不同部门和岗位专注不同领域工作，让员工各司其职，熟能生巧。

高层集权：决策权集中在高管身上，因为他们判断事情更全面和更长远。

标准化作业：通过很多标准化的作业流程、规章制度和审批程序，确保员工高效作业，决策符合公司整体利益。

中层监督：依靠大量中层管理人员上传下达，执行公司决策和监控进度，确保执行力。

基于这种管理模式，每个员工都在清楚角色分工、标准作业流程和主管的监督之下完成分内工作。科层制确实在 20 世纪帮助企业实现了大规模高效生产和运作，典型的如通用汽车、富士康、麦当劳、政府部门等。

但是，在移动互联时代，经营环境和过去大不相同，科层制已出现运作低效的五大弊端。

无法敏捷应对外部变化

由于分工过细、层级过多，科层制组织在面对外部竞争对手或用户需求快速变化时显得迟钝和低效。

这是因为团队不管在新产品开发还是调整新的打法，都需要取得多个部门的协同、多个层级的审批，导致内部耗时过长、低价值的环节过多，最后无法招架新创企业或者更敏捷的竞争对手的颠覆创新、快速迭代的经营方式。

内部创新创业阻力大

科层制强调的是各部门、各层级按规章制度办事。例如，公司的年度计划、预算、绩效目标和配套的赏罚制度等，这些条条框框让团队和员工难以尝试计划之外的创新。

员工若想大胆创新，必须克服重重困难。

首先，上级是否容许你尝试分外之事？能否成功立项？

其次，即使能够立项，是否具备所需资源，包括项目预算、人员编制和时间？

再次，若创新失败，是否影响团队或个人本身的KPI（关键绩效指标）完成？是否影响年终奖金和个人晋升？

相反，假使创新项目最终取得成功，得到的回报是否能与外部创业团队相比？

因此，在科层制组织下，员工创新创业的阻力大、困难大，回报不高。

员工缺乏积极主动性

科层制是计划经济式的，强调从上而下管控、标准化流程、精细化分工，鼓励员工安分守己，按规章制度办事。

由于资源集中在管理层手中，普通职员只能像螺丝钉一样重复运转，凡事被动，听从上级的吩咐和公司的规章制度，失去了主动思考和不断求新求变的动力。

这种工作环境对于一些有想法、有激情的员工容易带来挫折，不愿意在大企业磨灭自己的理想；加上政府鼓励大众创业，创投基金又在到处寻找优秀团队，很多优秀人才选择自立门户，这对科层制组织的人才保留造成不少冲击。

决策瓶颈和“唯上”文化

由于员工的升官发财都依靠中高层管理人员判断和分配，容易造成员工唯上主义的心态，部门之间也为了赢得上级的垂青而相互争功。

另外，当企业变大和复杂时，高管也容易成为企业持续发展的瓶颈，降低决策效率。

最后，企业不断过度依赖甚至神化高管判断，员工也容易逐渐缺乏独立思考的习惯。

图 5–1 企业的唯上心态

过度强调标准化和一致性

科层制组织内部管理偏向一刀切，不能充分考虑不同业务单元所在不同行业、不同发展周期和不同工作类型的差异。

这带来的后果是，企业的人才吸引、激励、发展、文化氛围、审批流程都不能因应业务单元的差异而调整，从而影响战斗力。

综上所述，作为工业经济时代的主流组织管理模式，科层制在新的时代已是明日黄花：

横向看，分工太细导致跨部门协作成为常态，没法像小企业那样敏捷，内部的创业创新都很难。

纵向看，层层审批的制度磨灭了员工的激情，“唯上管理”无法激励人才创新。

随着企业不断发展，科层制组织很可能会像恐龙一样走向灭绝。在新时代，组织管理模式必将发生重大变化。

领先传统企业的组织管理创新

为了规避科层制的后遗症，一些领先的传统企业进行了创新探索。从稻盛和夫的阿米巴经营模式，到海尔的倒三角模式，再到华为的项目制……这些模式都具有小团队自我管理、大平台赋能等方面的创新点；都是以客户为导向，激发员工活力为出发点所进行的有效探索。

稻盛和夫的阿米巴经营模式①

稻盛和夫是日本京瓷集团的创始人。京瓷集团是全球

① 石川康，《稻盛和夫的经营哲学——日本经营之神的管理密码》，商务印书馆 2007 年版。

500强企业中唯一一个以生产零部件为主的企业，50多年从未亏损，利润率常年保持10%以上。

让人惊叹的是，在日本航空濒临破产之际，日本政府邀请稻盛和夫出任董事长，78岁高龄的他带领日本航空在3个月后扭亏为盈，32个月后重新上市，并创造当年全球最大IPO。

稻盛和夫的秘诀是什么？答案是“阿米巴经营”。

阿米巴的起源

阿米巴的本意是“变形虫”，因为变形虫身体仅有一个细胞构成，没有固定的外形，可以任意改变体型。

阿米巴起源于稻盛和夫对挖掘员工发展潜力的期望，其核心理念是通过激发每位员工的工作激情，从而激发组织活力。

稻盛和夫认为，只有让员工充分了解企业经营状况后，才能彻底激发员工的信心和责任心。

因此，他摸索出一套方法，告诉员工“你生产了价值多少钱的产品”，而不是“你生产了什么产品”。

小集体独立核算制度

在这样的理念下，稻盛创造了“小集体独立核算制度”。

这个制度将整个企业分成很多个被称为阿米巴的小型组织，每一个小型组织都是一个按照一定组织方式成立的利润中心，都可以独立经营，在独立核算基础上分裂、合并与成长。

小集体独立核算制度的核心就是单位时间值核算，分为四个步骤。

第一步：计算总销售额，即“对外销售给客户的销售额+对内销售给其他阿米巴的销售额”；

第二步：计算生产总值，即“总销售额—内部采购成本额”；

第三步：计算结算销售总额，即“生产总值—阿米巴当月的运营费用”；

第四步：计算单位时间值，即“结算销售总额/总花费时间”。

阿米巴经营对领导者和员工的要求

阿米巴的核算需要阿米巴领导者在定价方面扮演积极的

角色，他们需要熟知市场趋势，有商人般的头脑，看清楚客户能够爽快接受的最高价格，当两个阿米巴出现分歧时，上级阿米巴领导者要有效引导双方达成一致，解决纠纷。为了选拔优秀的领导者，需要打破年功序列制，根据能力选拔，能上能下。

京瓷集团共有63 000多名员工，共有1 200个阿米巴。阿米巴首先在制造部门推行，后来又在管理和销售部门推行。阿米巴倡导全员参与，具有合伙人理念，每一位员工都要懂得经营“用少量的费用换取最大的销售额”，为此公司要充分信任员工并赋权，同时将严谨数据实时反馈给现场，并帮助员工提升能力。

阿米巴模式对中国领先公司的组织变革带来启发

海尔、华为、韩都衣舍的组织变革，都受到阿米巴模式的启发。

张瑞敏曾经说过：“早遇稻盛，海尔会发展得更快。”

华为的轮值CEO郭平则认为：“公司的项目经营和京瓷的‘阿米巴经营’本质上有相似之处，就是要激发一线活力，提高运营效率。”

韩都衣舍的创始人赵迎光则认为，“公司的‘蚂蚁军团’（三人产品小组）其实还有一种说法叫阿米巴模式，我们创业之初移植了日本稻盛和夫的这种阿米巴模式。三个人的小组制，结构非常简单，就像一只小蚂蚁，而我们韩都衣舍是由非常非常多的小蚂蚁军团组成的。”

海尔的人单合一模式①

海尔成立于 1984 年，是全球领先的整套家电解决方案提供商和虚实融合通路商。

基于互联网经济面向用户需求、用户掌握信息主动权的特点，海尔CEO张瑞敏推行了“倒三角”的组织结构，通过“顾客驱动机制”“契约机制”“官兵互选机制”“人单酬机制”确保“倒三角”有效运作。

海尔“倒三角”组织架构

海尔“倒三角”经历了从“自主经营体”到“小微”的演变。

---

① 曹仰峰，《海尔“倒三角”运转的四大机制》，载《商业评论》，2013 年 7 月刊。

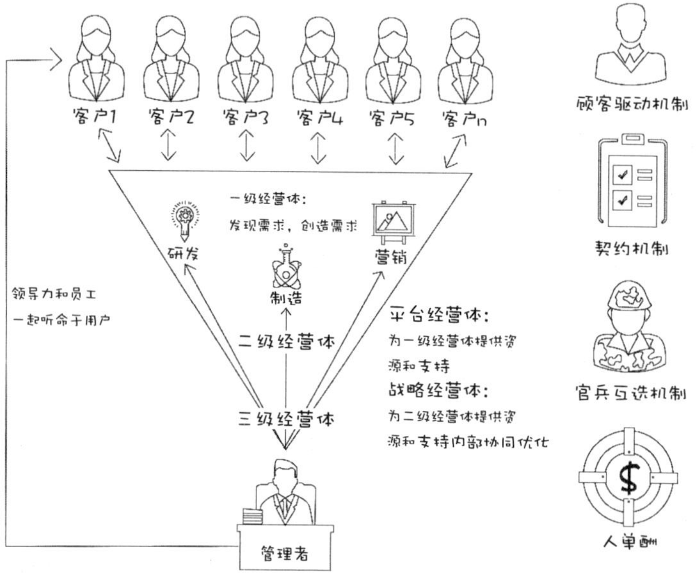

图 5-2“倒三角”组织结构

2010 年，海尔正式推出“自主经营体”组织。截至 2012 年底，海尔全球 8 万名员工分属于 2 233 个自主经营体。自主经营体分为三级。

一级经营体：在“倒三角”中，和顾客直接联系的是一级经营体，他们直接面对用户需求，为用户提供解决方案。一级经营体分为三类：研发类、用户类（销售类）和制造类；自主经营体有用人权、决策权和利润分配权。

二级经营体：为一线经营体提供资源和服务，包括：人力资源、财务、市场营销、质量体系、战略管理、供应链等。

三级经营体（高管）：对内负责协同，对外负责发现新的战略机会，因此也被称作战略经营体。

从2013年开始，海尔将自主经营体升级为“小微”，原来自主经营体是虚拟核算，而小微变成了实实在在的独立核算，小微公司可以“自主决策、分配资金、自主用人”。海尔认为，小微模式相比前面两种组织形式更加灵活，有利于吸引全球一流人才、更好地设计创新孵化机制、吸引风投等。

让“倒三角”持续运转的四大机制

顾客驱动机制：一级经营体在满足顾客需求的过程中，可以倒逼二级经营体，让其提供资源和流程的支持。例如，某个冰箱经营体在研发冰箱时，可以让研发平台提供技术支持，让质量管理平台提供质量管控支持，如果人手不够，可以让承担人力资源职能的经营体去招聘。

契约机制：在海尔，不同的经营体之间互为客户，每个经营体既服务于其他经营体，也享用其他经营体的服务。通过契约机制打破层级管理，促进内部协同，例如一级经营体中研发和营销经营体互相签订合同，某个时间段内，需要提供的资源和服务是什么，费用多少，如果有超额利润，应该如何分享。

官兵互选机制：“官兵互选”是“去领导化”的重要手段。首先，确定经营体长，任何人都可以拿出实施方案，包括预算、预案（实现目标的路径和方法）、预酬，进行公开竞聘，有专门委员会选拔（横向部门、员工和客户）。其次，经营体长组建自己的团队，经营体长在网上发布具体的“单”，制订方案，并接受体长考核，抢单上岗。最后，如果自主经营体长没有实现预期目标，员工有权让体长下课，超过 2/3 不认可，就可以启动罢免程序。

人单酬机制：这一机制和契约机制有机协同，成为“倒三角”的内驱力，包括两个关键环节。第一个环节是“预酬”，即事先算赢。每个自主经营体或员工，都要先锁定自己的盈利空间。首先要明确自己的客户，并承诺事先第一竞争力的目标，只有目标是第一竞争力的，才能分享增值。第二个环节是“关闭差距”，即关闭现状与目标的差距。实际得到的薪酬可能和预酬有差距，如果达成目标低于行业平均水平，只能获得基本薪酬，并限时升级，否则可能被淘汰出局；如果达成目标属于行业第一竞争力，对应的则是行业第一竞争力薪酬。

华为的项目型组织

华为在全球有超过 16 万名员工，2015 年销售收入约 3 900 亿元人民币，是全球领先的信息与通信解决方案供应商，为电信运营商、企业和消费者等提供有竞争力的端到端 ICT（信息与通信技术）解决方案和服务。

“铁三角”变革[①]

华为CEO任正非在实践中发现，由于机关不了解前线，但拥有太多的权力与资源，为了控制运营的风险，自然而然地设置了许多流程控制点，而且不愿意授权。

基于华为北非地区部“铁三角”（即客户经理、解决方案专家、交付专家组成的工作小组）的成功实践，任正非提出了“让听得见炮声的人呼唤炮火”的理念，将权力授权给一线。同时，后方配备的先进设备、优质资源，应该在前线一发现目标和机会时就能及时发挥作用，提供有效的支持，而不是拥有资源的人来指挥战争、拥兵自重。

在 2009 年，华为CEO任正非提出“铁三角”组织模式。

① 任正非，《让听得见炮声的人来决策》。

这种模式的精髓就是为了目标而打破功能壁垒，形成以项目为中心的团队运作模式，加快对客户需求的响应速度，减少内部官僚主义。

项目型组织[①]

从 2014 年开始，华为将产生于运营商业务场景的“铁三角”模式进一步升级为“项目型组织”。

华为轮值CEO郭平把这种组织模式比喻为眼镜蛇：头部可以灵活转动，一旦觅食或发现进攻对象，整个身体的行动十分敏捷，可以前后左右甚至垂直蹿起发起攻击，而发达的骨骼系统则环环相扣，转动灵活，确保在发起进攻时能为头部提供强大的支撑。

蛇头——项目组：组织变革以客户为中心，前端以项目形式将销售、供应链和财务拉通，加大项目经理授权、项目预算管理权力和资源可获得性，并帮助项目经理提升能力，在总结试点经验的基础上进一步推动项目利益分享，提高基层作战组织在项目经营上的积极主动性。

---

① 华为公司网站，《华为轮值CEO郭平有关项目型组织的讲话》。

蛇身——平台：蛇身负责为蛇头提供强大的支持。华为的平台建设从1998年就开始了，从整合研发流程变革到整合供应链变革、CRM（客户关系管理）、财经体系变革再到人力资源体系变革，积累了丰富的经验和强大的能力。

为了有效支持项目型组织，华为仍在持续强化平台建设。

一类是业务平台，例如华为正在进一步做大做实地区部平台，将地区部定位为“重装旅”，包含基本完整的功能部门，将根据项目的优先级，抽调相关业务人员支持项目经理，成立项目组。

二是职能平台，加强对项目的专业支持力度，华为之所以从2014年开始大力推行项目型组织，就是因为经过长年的财经体系转型，华为做到了每个项目都有编码，可以独立核算。同时，职能部门（如财经、人力资源）都在培养支持项目的人才，帮助项目经理更加有效地管理人、财、事。

领先传统企业组织管理创新的共同点

总结上面提到的三个组织管理创新的案例，目的都是激发员工的能动性和潜能，减少大企业病。总结这些企业组织变革的理念，我们发现有如下共同特征。

以客户而非领导为中心

给离客户最近的一线团队授权和赋能，让他们能够敏捷响应客户需求，并调动平台资源。

海尔用“倒三角”形象地描述了员工要对用户负责，而领导更多扮演的是资源支持的角色。

华为的“铁三角”及“项目型组织”，也是围绕客户的需求，做厚客户界面，基于客户的需求来呼唤平台的资源支持。

小团队自我驱动

通过权、责、利对称的模式，让小团队实现自我驱动。

海尔的自主经营体和小微有自主决策、分配资金、自主用人权，而“人单酬”让小团队得以分享团队贡献的超额价值。

华为则加大项目经理授权、项目预算管理权力和资源可获得性，并推动项目利益分享。

与海尔和华为不同的是，阿米巴模式更加看重对员工的精神激励，通过单位时间核算，让每个员工都了解自己的阿米巴经营业绩结果，从而驱动员工的责任心和改进的愿望，但这样做的目的依然是让小团队自我驱动。

平台发挥支撑作用

平台的视角不再以管控为主，而是强化对一线的资源服务。

例如海尔的二级经营体和高层领导，华为的业务平台和职能平台，都在为小团队呼唤炮火时，提供强力的支持，这样小团队就可以变得精简、灵活、综合作战能力强，而平台也可以减少大企业病带来的官僚主义。

市场化的结算机制促进协作

这些企业都通过清楚的定价和独立核算机制，实现小团队之间、小团队和平台之间的协作。

例如阿米巴的单位时间核算和定价机制，海尔的契约机制，华为正在推行的项目核算机制等。

互联网企业崇尚的组织模式

移动互联时代成长的企业到底适合怎样的组织模式？

基于近三年的硅谷拜访和中国领先互联网公司的近距离研究，我们发现由于互联网公司大部分员工是从事创造性工作，加上从诞生开始就在面对高度不确定性和快速变化的竞争环境，因此他们在组织管理模式的创新方面更加普遍。

在硅谷访谈时，我们发现这些公司在谈到组织管理模式时，经常提到“特种部队”或“篮球队”，认为这种模式更能发挥人的才能，鼓励自我管理，并支持互相补位和协作。

特种部队模式

2009年，美国总统奥巴马命令新任中情局局长利昂·帕内塔：“将刺杀或抓获本·拉登作为反‘基地’组织战争的首要任务。”2010年8月，帕内塔带回好消息：“中情局在巴基斯坦东北部发现了本·拉登的居所。”

2011年5月1日凌晨，大约24名海豹突击队官兵乘坐4架黑鹰直升机突袭本·拉登藏身地，通过绳子降落到目标民房内，随即同拉登身边匪徒发生枪战。约40分钟后，本·拉登被击毙。

我们发现特种部队如下几方面的特点，对比常规军更具有优势。

团队有清晰的使命和任务：尽管执行的过程中面临着诸多变数，但是作为一个团队，其存在的根本价值就是要完成大家清楚的使命，例如海豹突击队的使命就是击毙本·拉登。

对外部不确定性变化保持高度的敏感性：能够对环境的变化做出敏捷的反应，而不是按部就班依靠标准化流程完成任务，例如如何击毙本·拉登，没有标准的流程，只能靠海军陆战队自己择机而动。因此，小团队执行任务时必须被充分授权。

小团队+大后台：团队成员由不同领域的专家或精英组成，能够闭环地完成团队所要完成的任务，同时又有强而有力的后台支持，不管是航空母舰或是军事基地。比如，击毙本·拉登的海豹突击队只有24名，后方则是国家总统坐镇，以强大的军事基地或航母为支持。

失败的成本低：小团队在前端探索，重装旅在后台。如果任务失败，可以快速收手，不会给人员、资源带来致命重创。比如，海豹突击队在袭击本·拉登的行动中，损失的只是一架黑鹰直升机坠地，在撤离前将其爆破。

无缝合作：团队内成员之间能够保持高度的默契与紧密合作，沟通协调成本极低。

耦合关系+信息共享：不同团队之间则保持松散的耦合关系，通过大部队的及时信息共享，清楚知道不同团队要完成的任务。

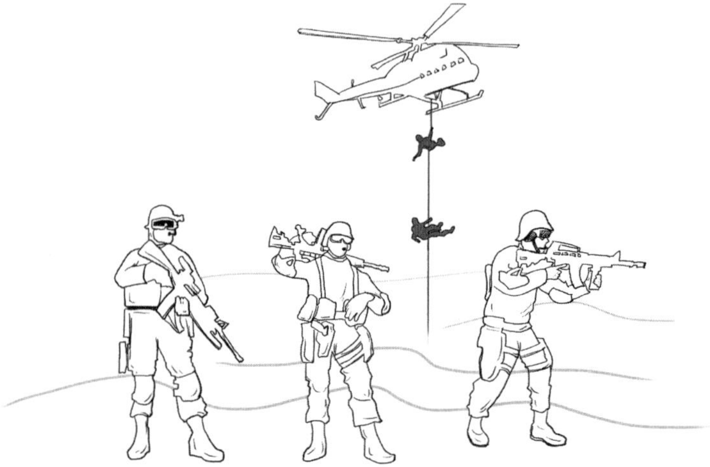

图 5–3 特种部队式的组织模式

“篮球队”模式

在硅谷公司中，另外一个倡导的组织理念是“篮球队”。例如奈飞公司明确说：“我们是一支高水平的职业体育队伍。”——给钱多，压力大，也不在乎高淘汰率。

这些公司倡导“篮球队”理念的原因是：

我们是团队，不是家庭：团队更关注对外竞赛中的“赢”，而不是家庭看重的内部和谐与平衡。

灵活补位和支持：倡导团队合作而不是本位主义——球队有前锋后卫，核心目标是团队合作，不是部门本位。

能力至上： 强调每个人用结果（如每次赛事的入球）和能力（球技）作为判断的标准，而不是年资、关系。

薪酬市场化： 薪酬给付更多基于外部考虑，收入最高的球员可能是平均线的几十倍甚至上百倍，薪酬完全市场化，不考虑内部平衡。

本章小结

科层制组织的弊端在移动互联时代凸显，主要体现在：

- 无法敏捷应对外部变化
- 内部创新创业阻力大
- 员工缺乏积极主动性
- 决策瓶颈和“唯上”文化
- 过度强调标准化和一致性

领先传统企业如稻盛和夫的阿米巴经营模式、海尔的“倒三角”组织和华为的项目型组织的组织创新有如下共同点：

- 以客户非领导为中心
- 小团队自我驱动
- 平台发挥支撑作用
- 市场化结算机制促进协作

领先互联网公司更加倡导类似于特种部队和篮球队的组织管理模式

第六章

用“看不见的手”管理特种部队

——“市场化网络组织”的四大基石

未来的战争是“班长的战争”。

——华为创始人兼CEO任正非

前文提到特种部队模式，那么它是如何组织运作的呢?

“9 · 11”事件发生以后，布什马上宣布对阿富汗开战。到阿富汗本土去作战的美军一共只有120多人，结果这场战争不到两个月就结束了，塔利班被赶走了。

据报道，派往阿富汗的特种部队是由3个人组成一个战斗小组：一个是战斗专家，专门组织打仗，一个是通信专家，负责处理所有的信息，还有一个是武器专家，负责炸药、导弹等。

现代战争基本上都是这种模式，也就是前端非常机动、非常分散，靠互通互联调动中央和后台，而后台的支持系统和指挥系统非常庞大。大到什么程度呢？像这样的3人小组，后台的支持系统大概需要5 000万美元，每个人配的装备大概是20万美元，这就是现在特种部队的基本配置成本。

大规模正规战由于身形庞大导致速度慢、效率低，已经不是现代战争的主流模式。对比之下，特种部队+军事基地这种模式快速、敏捷，即使失败，带来的损失也可以承受，对移动互联时代的组织模式可以带来很多启发。

用“市场化网络组织”取代“管控式科层组织”

何为管控式科层组织

回顾前一章的讨论，我们总结诞生于工业时代的科层制组织呈现如下三个关键特征。

第一，流程至上。由于工作内容和产出事先明确，企业通过标准化流程实现规模效应，获得成长和利润。

第二，专业分工。横向来看，呈现专业分工态势。由于多数运营和管理流程可以标准化，可以相对清晰地界定各部

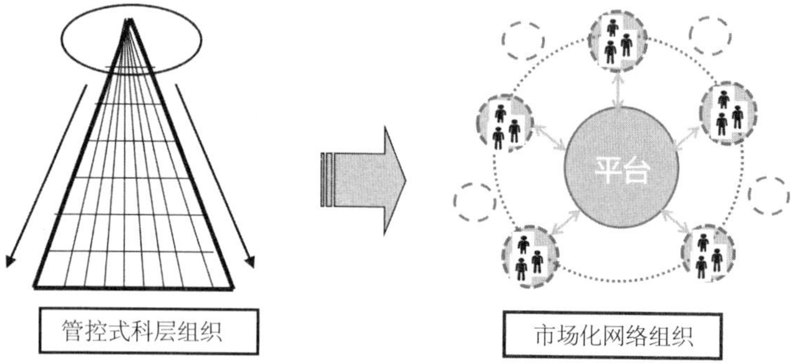

图 6–1　组织结构的改变

门和岗位的职责，所以专业分工容易，同时协调整合的成本也较低。

第三，高层管控。纵向来看，呈现金字塔模式，权力集中于管理层——公司高层是“大脑”，下层是“手脚”。常规的事情，通过流程驱动；例外、创新的事情，则靠上级拍板；而需要跨部门协调的事情，往往需要高层刷脸卖人情。

由于这种组织建立的基础是标准化流程，横向倡导专业分工，纵向强调高层管控，我们叫它“管控式科层组织”。

什么是市场化网络组织

我们认为移动互联时代，更适合创造性工作的组织呈现如下三个关键特征。

第一，人才至上。由于工作内容和产出无法事先明确，大部分人的工作又都需要“烧脑”，所以人的创造力和激情成为成功的关键。组织设计必须充分发挥（不是压制）人才积极性和创造性。

第二，网络组织。为了发挥人才活力和团队敏捷，快速响应和满足客户需求，组织形态主要由扁平化的网络结构组成。首先，围绕用户不同需求或痛点而提供的服务或产品，由业务团队负责。他们直接面对用户和竞争对手，也是创造营收和利润的源头。这些小团队要像特种部队一样闭环运作，这样才能规避跨部门协调对速度的损耗，同时要权责利对称实现自我驱动。其次，公司平台像航空母舰或军事基地一样给小团队补给武器和弹药，通过强大的平台支持帮助它们提升任务完成的成功概率。最后，对于公司不擅长的领域，和战略伙伴结成盟友关系，通过生态协同促进化学反应。

第三，市场化机制。由于不再依赖高层指挥和拍板，小团队之间、团队和平台之间需要一套简单有效的协调机制来确保围绕用户需求进行有序衔接。这种机制指的是通过共同的使命、利益分配机制和信息共享机制，让网络各个节点有序运作。这种市场化机制让每个小团队的“生老病死”都是靠自身的业绩说话，就像一只“看不见的手”，让公司有限的财力和人力配置到最有竞争力的项目。

由于这种组织建立的基础是人才，各要素呈现网络分布态势，并通过市场机制这种“看不见的手”实现资源配置，我们叫它“市场化网络组织”。

我们认为，移动互联时代，“管控式科层组织”将被“市场化网络组织”取代。因为后者更适合创造性工作，并可以兼顾创业公司的速度优势和大公司的资源优势。

打造市场化网络组织的四大基石

我们认为，打造市场化网络组织有四大基石，分别是业务团队、共享平台、战略伙伴及连接协调机制。

业务团队：“特种部队”

为什么需要业务团队

大公司在移动互联时代，遇到第一大挑战是速度慢，难以应对变化倍增的外部环境。一个简单的例子，假设研发部员工有了关于一款新产品的极好想法，他首先需要自下而上搞定自己的上级，再通过上级搞定部门老大，然后再通过部门老大找产品、设计、市场等部门的老大，其他部门很可能会说:“这和我的KPI有什么关系？”最后，只有在CEO一声令下后，这件事情才做得起来。

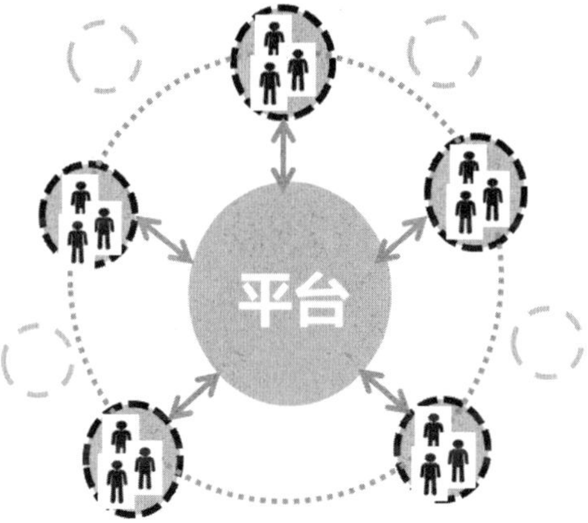

图 6–2　业务团队保持小团队闭环运作

大公司在移动互联时代，遇到的第二大挑战是路径依赖导致创新困局，难以掌握颠覆创新的契机。想象一下，如果几百人已投入一款产品开发和运营中，结果产品上线后不温不火，在这种情况下最明智的做法就是及时止损，把资源重新调整到新的产品或服务中。但是，如果停掉，这些人怎么安排？放到其他部门，他们的KPI怎么办？产品下线，客户投诉怎么办？因此，除非有内部市场化机制，让业务团队责权利结合，否则一般在大公司内部的创新变革阻力要比外部创新挑战更大，更难调和。

移动互联时代的速度制胜、颠覆和被颠覆概率大增等特点，让大块头组织难以有效应对，这样的背景催生了小团队的诞生。

业务团队定义

这里的业务团队指的是负责企业核心自营业务的团队，业务团队应按照业务逻辑或行业特点进行分拆整合，并按照行业特性和发展周期（孵化、成长、成熟等）进行差异化管理。

业务团队的特征

我们认为高效运作的业务团队有如下几个特征：

第一，可能虚拟也可能实体

如果业务是阶段性的或临时性的，业务小团队体现的形式可能是一个虚拟项目组（如华为的项目组）或者互联网行业常见的特性团队（Feature Team），它们都是以项目组的形式体现的，在任务结束的时候人员将回归到原有部门或参与到新的项目中。

如果业务是长期稳定的，业务团队体现的形式可能是一个部门或独立公司，如前文所述海尔的自主经营体及小微企业。

前一章回顾了华为和海尔小团队运作方式，本章介绍互联网特性团队如何运作。

互联网特性团队运作原理

特性团队是一种以终端特性交付为目的的组队方式，伴随敏捷开发模式而得到推广。

在传统的瀑布式开发模式下，用户需求经历分析、设计、开发、测试四个环节，每个环节首先都要形成技术文档后，再传递到下一个环节，导致各个步骤有明显的等待，且各个环节的员工对任务而不是对产品负责，导致员工的责任感相对较弱。

在敏捷开发的模式下，用户需求将首先被分解为不同的特性，围绕每个特性而形成小组，单个小组将横跨多个职能角色（如产品、开发、测试等），相对独立，目标清晰，对内注重团队合作，对外注重结果交付，这种小团队的方式可以很好调动责任心和主动性，可以更加敏捷地对结果负责。

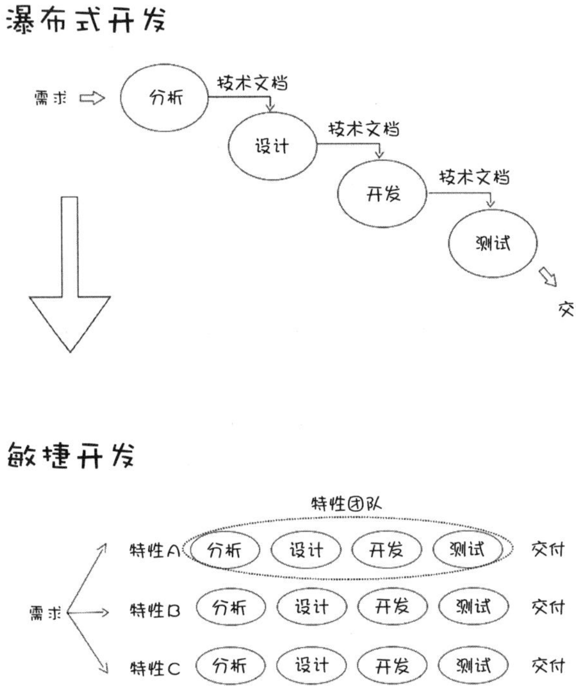

图 6–3 瀑布式开发到敏捷开发

第二，“小而全”的闭环

想象一下，如果一支特种部队事事都需要协调和汇报，必然战死沙场。因此，在阿富汗战争中，美军的特种部队就是采取小团队闭环的方式——团队由三类专家组成，一个是战斗专家，专门组织打仗，一个是通信专家，负责处理所有的信息，还有一个是武器专家，负责炸药、导弹等。从而在团队内部尽可能独立完成决策。

同样，小团队的业务功能要做到小而全，以减少跨部门协调对效率的损耗。通过闭环运作，做到使命必达，速度敏捷。例如，奈飞公司认为，除非为了目标和战略合作，否则尽量减少跨职能会议；要相信团队的战术动作，无须预演或审批，这样团队才能快速行动。

在不同的业务场景下，需要闭环的功能不同。例如前文提到的华为铁三角，闭环的是客户经理、解决方案经理和交付经理。而在下文脸书的特性小组中，闭环的是工程师、产品经理和设计等职能。

脸书的特性小组

脸书的特性小组团队规模小的大概为 2~3 人，一般不超过 9~10 人，超过则拆分。小团队按照特性划分，内部形成闭环，团队构成包括产品经理、设计和工程师。

脸书早期的华人工程师王淮曾经提到自己在“礼品商店”特性小组的经历。

在小组里，王淮是工程师，还有一个产品经理，一个设计师。这三个人经常在一起讨论究竟做什么功能、做成什么样、可行性有多大、做成这样要多长时间等问题。他们经常吵架，经常在一个小房间内待到晚上八九点，最后都会互相妥协，互相认同彼此的专业和强项，达成一个让人兴奋但也有点忐忑不安的方案。所有定稿的方案，都是当时尽力能想到的最好方案，“我们来试试吧”，然后通过数据的反馈继续改进。[①]

进行产品讨论时，每个人关注的侧重点可能不一样。要做成什么样，主导权在设计师，但其他人完全可以自由提意见。工程师要是不喜欢做出来的样子，就会提出想改进的地方，让设计师重新修改一个版本。产品经理大多时候在想做出来的这些功能有哪些用户可能会用，这个功能究竟有没有意义，对于产品来说是不是最重要的，等等。

为了保持小团队高效运作，脸书设定了如下运作规则：

（1）去掉审批流程。

（2）底层的代码可以更改，系统的边界也有客观划分以

---

① 王淮、祝文让编著，《打造Facebook——亲历Facebook爆发的5年》，印刷工业出版社2013年版。

做好监控。更改后如出现问题可以很快判断问题在哪里，以技术的方式避免扯皮。

（3）加强沟通，有每天都有站立会议，沟通简单明了，速战速决。

（4）公司小组内部强调多元化，反对帮派。

（5）组织强调扁平，无论头衔如何，运作中更多按项目角色来汇报。

图 6–4　脸书的特性小组

第三，“两个比萨”原则

速度和创新不能靠打群架——人越多，协调难度越大，官僚主义就会出现，灵活度就会降低；人越多，社会惰性就会出现，个人所付出的努力往往少于其单独工作时的努力；人越多，归属感和成就感也会下降，因为个人对最终的成果影响力越来越小。

因此，亚马逊公司CEO贝索斯总结了一句话："如果两个比萨都喂不饱一个团队，那就说明这个团队过于庞大了。"

所以，当团队规模逐渐变大，出现人浮于事、效率臃肿时，就要考虑对业务团队进一步细分。正如稻盛和夫的"阿米巴"（变形虫）理念，独立核算的"小集体"需要持续分拆和合并，不停地变形。

Supercell：小而美的"超级细胞"①

成立于2010年、总部位于芬兰赫尔辛基的移动游戏开发商Supercell，是一家聚焦平板电脑和智能手机游戏的公司。从2010年开始，Supercell共有三款游戏上市，分别是部落冲突（Clash of Clans）卡通农场（Hay Days）和海岛奇兵（Boom Beach），这三款游戏在各个方面排名都位列全球前十。

Supercell的名字可以拆解成"Super+Cell"，Cell就是小

① 《Supercell官方自传》，来自于Supercell官网；Supercell CEO埃卡·潘纳宁媒体采访。

团队的意思。从名字可以看出，这家公司信奉一种可以发挥小团队超级威力的组织模式。

和传统的金字塔组织模式不同，Supercell的组织结构是自下而上的倒金字塔，让最接近用户的小团队自主决策，这是因为游戏制作是一份创造性的工作，任何人都能大胆阐述自己的意见是非常重要的，所以要把权力交给创意人才。这么做能够优化速度，并有利于在同一款游戏中的团队成员间创造一种归属感。管理层需要做的就是为开发者创造能够发挥他们最大能力的环境。

团队尽可能小，还可以最小化管理和流程。与许多竞争者相比，Supercell仍然是一家非常小的公司，并且希望继续保持“小”。例如，部落冲突的开发团队一开始是5个人，现在大约5~8人；运营团队每天服务于百万玩家，所以人数要多一些，但规模仍然控制在约10~15人。

小团队的劣势是资源不多，因此必须非常关注最基本、核心的东西，最关键的是游戏本身的品质及游戏的社交性设计，能让用户扩展和分享。Supercell认为，当工作成为一件有趣的事时，做出来的游戏就会更有趣。

“小”还有一项附加优势——当公司很小时，就不需要管理层、官僚主义和走程序，这样公司可以吸引来更多优秀的人。所以，哪怕是很少的人，也可以创造顶尖的游戏，组建国际性的公司。

第四，责权利对称

业务小团队要贯彻如下责权利对称原则。

责：体现在尽量完整的独立核算。核算可以是与财务相关，如营收、成本、利润等，例如阿米巴组织中的单位时间核算（结算销售总额/人数）；也可以是产品/用户相关指标评估，例如体现用户是否喜爱一款产品的留存率、活跃度等指标。例如，Supercell的小团队要对游戏产品的留存率和沉浸感等指标负责。业务团队的客观数据将决定该产品的生老病死，而不是让团队找种种借口使该产品勉强维系。

权：体现在按业务团队表现适度授权，包括人、财、事。如果团队有可靠的业绩记录，就可以加大授权，如果经过足够时间的检验，发现这个团队无法胜任，就要收回权限。

利：对于可以短期见效、相对成熟的业务，业务团队的奖金激励最好与自己团队核算出来的业务结果直接挂钩，挂钩方法要参考行业特点，做到清晰、可预期，甚至公司可以像创业投资一样拿数据说话。而对于需要长远投资的业务，我们仍然建议要核算，因为核算有助于帮助团队找到改进方向，但是激励更适合采取更加长期的手段，如晋升、股权等，这一点可以学习第五章提到的阿米巴经营模式——在仔细分析每个阿米巴业绩的过程中发现优秀人才，委以重任。

通过这种安排，企业很可能有一个意外的发现——责权利结合后可以锻炼更多综合型人才。

韩都衣舍责权利对称的“蚂蚁军团”[①]

韩都衣舍成立于2008年，是国内领先的互联网服饰集团，2012—2015年连续4年做到了国内女装行业第一，在2015年的“双十一”，韩都衣舍的销售额为2.84亿元。

韩都衣舍每年发布几万个自有品牌的新款服装，这极大地考验了它的应变能力。为此，它在内部实行了鼓励员工自动自发创新的产品小组制，成立了280个产品小组，又被称为“蚂蚁军团”。每个产品小组由设计师（选款师）、页面制作专员、货品管理专员三个角色组成，通常为1~3人。

产品小组独立核算，根据销售额、毛利率、库存周转率

① 赵迎光，《靠两个关键方法，韩都衣舍年销售15亿，赵迎光却不用管理太多》，长江创创社区，2015年12月18日。

等指标，每天进行业绩排名；产品小组拥有很大的自主权，比如公司只会规定最低定价，而款式、尺码、库存深度、基准销售价格、促销政策等，则全部由产品小组自己决定。产品小组业绩提成也有明确的公式，即销售额 × 毛利率 × 提成系数。

韩都衣舍CEO赵迎光认为，作为一家年销售额15亿元公司的CEO，自己竟然不忙，核心原因就是产品小组模式配合公司支持“多款多批次小批量生产”的柔性供应链系统，极大释放了人才的活力，也为公司培养了大批具有经营思维的产品开发和运营人员。

Supercell：权力越大，责任越大①

前文提到的Supercell在2015年仅有170名员工，但是人均产值却超过了1 000万美元，这是顶尖投行高盛的3倍！

许多公司都有游戏审核会，也就是让团队把他们的游戏摆在委员会面前，然后由委员会反馈意见，这可能导致噩梦般的情况——团队游说委员会和准备游说的时间比做游戏还

① 《Supercell官方自传》，来自于Supercell官网；Supercell CEO 埃卡 · 潘纳宁媒体采访。

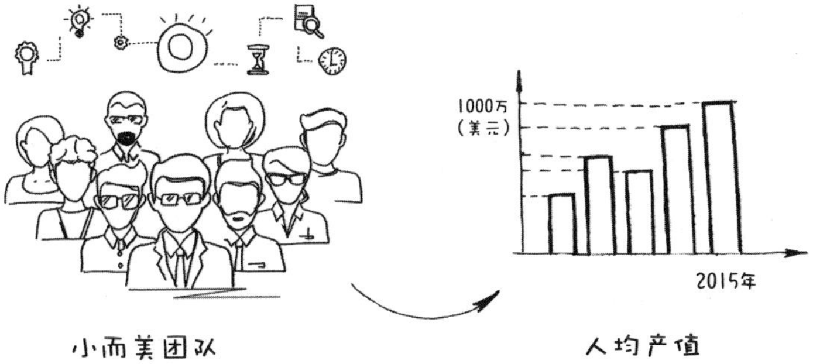

图 6–5　Supercell价值创造

多，这是一种官僚主义。

Supercell认为决策应该由开发团队基于玩家测试数据把关，独立决策，任何人都不能干涉这一决定，包括CEO；但另一方面，开发团队也需要承担相应责任。

每天早晨，所有人（不管是实习生还是CEO）都会收到一封电子邮件，有关每一款游戏的主要表现指标，每个人都能同时获得同样的信息。Supercell相信如果能提供给员工正确的信息，不需要告诉他们该做什么，他们可以自己想出答案。

而在团队开始做什么项目以前，管理层则要花相当的时间制定项目测试时必须达到的指标，这些目标是很严格的，达到就可以发布，达不到目标，项目就作废。目标基本与留存率和沉浸感有关——30天后有多少人返回游戏？他们每天上线多少次？……这些目标会被仔细地定义，并成为团队和公司之间的约定。

当一个团队将其游戏推向测试市场时，这一权力便从团队手上转向玩家。这时候，他们将变成以参数或数据为中心。为了实现全球发行，他们的游戏必须到达一定的参数。

共享平台："后援基地"

为什么需要共享平台

特种部队发现敌情后，离不开航空母舰和军事基地的强大弹药补给，否则怎么可能只靠几个人就能打胜仗？

图 6–6　共享平台

对企业来说也是一样，假如有两个小团队做着大体相同的业务，每个团队如果前台业务，中台的技术研发和后台的财务、人力资源等都要做，小团队只会变得越来越臃肿，内耗会越来越严重，创新失败的成本也越来越高。

而如果将重复的事情交给平台，他们负责把通用的专业技术模块化，把重复性的事情流程化，把需要长远投资、共享服务的事情集中力量做好，小团队就可以轻装上阵，快速试错，即使失败了掉头也很容易；专业能力也得以在公司层面积累和沉淀；同时，大家不用重复发明轮子，也会减少对资源的争夺和内耗。

我们认为，企业要持续获胜，必须高度重视平台建设，因为共享平台是否强大将在极大程度上决定业务团队的运作效率和胜率。如果平台不强，业务小团队为什么不选择自己创业呢？

为什么华为可以打赢持久战？关键在于平台的优势——这包括华为遥遥领先的研发实力和专利库、长期国际化积累的品牌和渠道优势等。所以，华为在强大的平台基础上推行项目型组织，如果能够持续做好授权和流程的简化，将极大释放项目团队活力，并提升他们的胜率。

共享平台定义

共享平台是支撑业务团队和战略伙伴的高效运作后盾，具备共享特征，包括关键资源共享、专业能力/知识共享、服务共享；同时，平台也有助于帮助企业实现必要环节的一致性，如品牌、用户体验等。

共享平台的分类

平台可以分为两类，一类是中台，另一类是后台。

中台

中台通常是和核心业务（即业务团队）直接运营相关的共同职能，这些职能通常可以和业务团队进行市场化结算。

中台支持所有业务团队所需的用户/流量、账号体系、支付、LBS（基于位置的服务）、仓储/物流、制造等职能；或技术相关职能，例如提供所有业务团队所需的服务器、频宽、软件、算法、搜索、用户数据/画像等。

中台的价值较易计算，条件成熟后可以和业务团队进行市场化结算。

此外，需要企业长远投资的基础研发等功能和需要企业战略投入的新业务，放在中台更加合适，因为这样有利于集中全公司优势力量进行长远规划。

后台

后台通常和核心业务间接相关，很难用市场化进行结算，通常是成本中心。

后台提供财务、人力资源、行政、法务、公共关系、政府关系、品牌建设、内审等公共服务和专业规范，并帮助业务团队和其他平台提升相关专业能力。

阿里巴巴的“小前台+大中台”[①]

2015年12月7日，阿里巴巴集团宣布再度升级组织结构，组成由“小前台，大中台”互为协同的创新管理模式。

阿里巴巴集团CEO张勇提到，“敏捷的前台+强大的中台”是阿里一直在思考并已经开始实施的重要组织升级。由一批在业务前线磨炼过的年轻人挑起重担，授予他们充分的人事、财务、决策权力，给予充分的技术和数据支撑，让这些年轻人带着清晰的目标，独立领导一个个小团队去推进业务，并且针对市场变化做快速反应。一个几十人甚至十几个人的小团队，目标清晰，反应迅速，有自由决策的空间，

---

① 《阿里组织再升级 关键词：大中台 小前台 年轻人》，新浪科技，2015年12月7日。

在数据和技术强大支持下，撬动的生产力往往可以抵上一个大型企业。[①]

这一切的前提是，有一个强大的中台系统，这也是阿里巴巴迈向赋能型组织的重要一步。中台在企业内部提供共享的技术、数据、产品和标准，维护更新交易体系、营销体系、支付体系。针对必须长期投资的基础技术，比如搜索、算法、图像识别、语音、定位等，大中台又可以化身为企业内创新研究院，结合业务场景进行深入研发。

阿里的中台将整个集团的运营数据能力、产品技术能力整合，将有助于前台的一线业务轻装上阵，充分发挥集团的数据优势，更敏捷、快速地适应瞬息万变的市场。此外，阿里把基础技术、创新研究院等需要长期投资的业务放在中台而非业务团队的做法，值得关注。

战略伙伴："盟友"

为什么需要战略伙伴

在你阅读本书时，很可能用的就是Kindle（亚马逊电子

---

① 张勇，《阿里CEO张勇：未来企业的组织方式》，创事记，2015年12月30日。

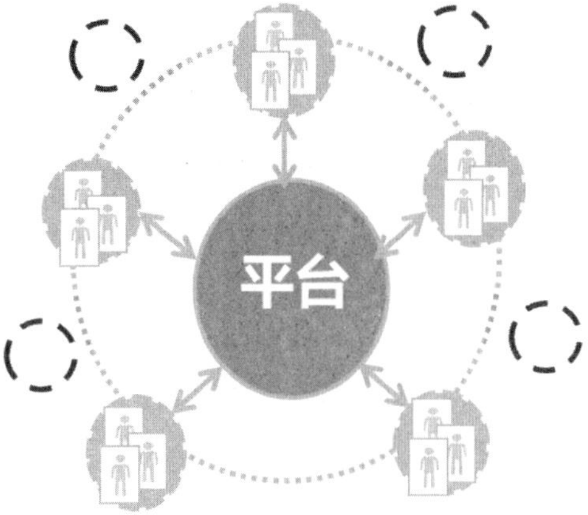

图 6–7 战略伙伴

书阅读器）。和传统纸质书相比，Kindle小巧的身躯可以随身携带，并可以在任何时间、任何地点检索到海量的图书，满足了很多读者的心愿。但是很多人不知道的是，索尼早在2004年就推出了电子阅读器Librié，这款设备甚至比三年之后上市的Kindle还要设计精美，技术优良。但是，Librié失败了，Kindle却成功了，什么原因呢？答案就是生态——从Kindle上市的第一天起，就有88 000多本电子书随时可供下载，因为亚马逊与几乎每一家大型出版商都建立了稳固的合作伙伴关系；而Librié一上市，就遭到了日本出版商的联合抵制。

IBM全球研究院在2014年对全球公司高管进行的一项调查发现，71%的高管相信用户需要更加多维的体验。例如，你买了Kindle，需要的并不是Kindle本身，而是Kindle+海量图书带来的体验，为了提供这种体验，公司必须拥抱“生态”。

这样，大家就不难理解，为什么做视频起家的乐视要做影视、体育、电视、手机甚至汽车，在单一领域，乐视都不是最强的，但是如果集成起来，就可以给用户提供多维体验，发挥生态威力。

战略伙伴的定义

移动互联时代，企业专注于自己的核心主业仍是第一要务，为了满足用户多维需求，对于不擅长领域的新策略就是布局“朋友圈”，和战略伙伴深度合作，相互借力，强化整体生态共赢。这样，企业就可以更加专注于核心能力。

上述合作的形式是控股、参股、联盟，而合作的基础是股权回报、利益分成等互利原则。在生态企业高度自主运营的背景下，通过董事会或事先制定的合作规则，实现数据、信息、资源共享等协作关系，近期BAT产业投资的兴起基本可以和生态战略的普及联系起来。

需要补充的一点是，企业的共享平台不仅支持内部的业务团队，在需要时，同样也可以发挥对战略伙伴的平台作用。例如，滴滴和腾讯是战略伙伴关系，滴滴的CTO张博在回顾2014年“补贴大战”时，谈到“滴滴的订单量一周之内涨了50倍，当时作为一年半的初创企业，在如此大流量面前是根本顶不住的，也正是那时，腾讯高级架构师直接驻场，和我们建立了兄弟般的友谊”。[①]

腾讯布局“朋友圈”，实现“生态共赢”

腾讯在与360之间的那场著名口水战（史称3Q大战）后，推出了“开放平台”战略，其核心理念是：“自己做得好的就自己做，自己做不好的就交给合作伙伴。”

正如腾讯创始人兼CEO马化腾所说，“腾讯已把半条命交给战略伙伴。”除了自己专注社交平台、游戏业务、数字媒体和内容平台等核心业务外，在众多垂直领域，如电商、O2O服务、互联网金融、在线教育、医疗等，如果自身不具备优势（如线下业务能力），就在这些领域里选择最优秀的

① 郭雪梅，《腾讯云专访滴滴CTO张博：生死战役大数据、云服务助跑》，CSDN，2015年7月15日。

伙伴合作。例如，在电商领域，选择了京东合作，腾讯入股京东，并在微信、手机QQ的入口和在线支付等领域进行合作，实现生态共赢。其他的例子还包括腾讯与滴滴出行、大众点评、58 同城的深度合作。

图 6–8 腾讯的“开放平台”战略

连接协调机制：“联合作战”

为什么需要连接和协调机制

业务团队闭环作战后，最怕的是各自为政，互不协同，甚至出现内部恶性竞争的情况。因此，需要有效的衔接机制让他们形成合力。

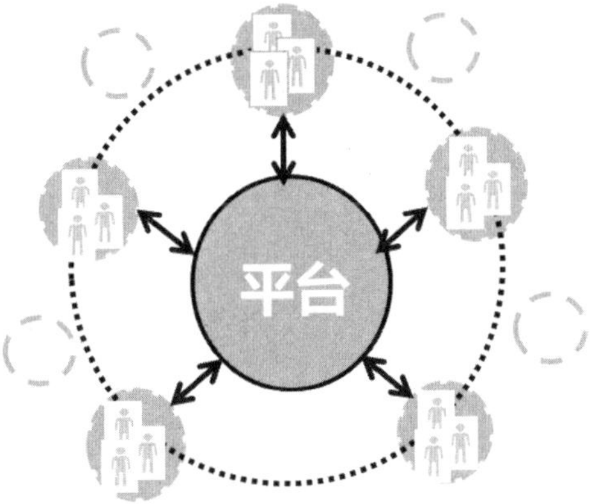

图 6–9　连接协调机制

连接和协调机制定义

所谓连接与协调，指的是业务团队与业务团队、业务团队与平台之间的连接和协调机制。

连接和协调机制分类

我们认为可以分为三类：

第一，利益分配机制。这是一种外在激励机制，让这些主体按市场化规则进行结算和利益分成，甚至模拟外部创业激励，这是一种外在驱动机制。

第二，共同使命和愿景。这是一种内在激励机制，通过共同使命、愿景和价值观，避免过度市场化带来的短期导向或者小我利益最大化等问题，致力完成“贡献人类和社会的更大梦想”。

第三，信息共享机制。例如，定期的战略/业务沟通会，公司目标的分解/分享，通过市场数据反馈协调团队间的任务，通过信息共享形成向心力。

第四，高管干预机制。当以上机制都解决不了彼此之间的协调时，最后才由高管拍板决策。

Supercell的连接机制①

前文提到，Supercell希望给每个小团队很大的权力，让其自行决定如何开发和是否上线一款游戏。这些“小细胞”在独立运转时，如何确保整个公司是一个有机体呢？如下三个内在驱动机制起到了非常重要的作用。

共同的使命：创造玩家们愿意投入很多年的游戏

Supercell员工中很多人都是《魔兽世界》的铁杆粉丝，很多人都是多年的老玩家，而不是一时的热情玩几个月。

① 《Supercell官方自传》，来自于Supercell官网；Supercell CEO 埃卡·潘纳宁媒体采访。

Supercell的梦想是，创造像《魔兽世界》这样具有长久生命力的游戏，而且希望自己的游戏被尽可能多的玩家所喜爱。这一标准将为业务团队树立清晰的目标，就是每发布一款游戏，在某个市场如加拿大经过测试，发现关注参与度和保留率数据等指标符合长线产品的使命时，才可以发布。

共同的战略：平板优先

Supercell认为平板是未来游戏平台的发展方向。“除非我们确实从平板开始，否则我们永远不会做出这个平台上最好的游戏。”Supercell专门面向iPad平台进行设计，确保体验最好后才为智能手机做优化。这一战略也为业务团队指引了清晰的方向。

独特的庆祝失败的文化

没有冒险，哪来的创新？没有创新，哪来的好游戏？

Supercell认为把权力交给创意人才，使创意人才成为前沿和中心，要尽可能让他们自由，允许他们失败。因此，必须给这些创意人才创造一个友好、温情的环境。

在这样的思路下，Supercell形成了一个独特的“庆祝失败”的企业文化——一个5~6人的团队夜以继日地开发一款游戏，但是数据说明这款游戏不得不终止时，Supercell总是会为此举办一场聚会。

Supercell认为，值得庆祝的并不是“失败”本身，而是从失败中获得的经验。游戏负责团队会走上台与大家分享哪些东西做得好，哪些做得不好，以及他们从中学到了什么。

实践中的提醒

从“管控式科层组织”向“市场化网络组织”转身，需要一个历程。如果一个企业同时有标准化工作为主的业务，也有创新业务，不排除两种组织并行的可能。

基于我们对企业实践的观察，市场化网络组织成功运作，还需要如下几个条件。

小团队有效运作，领军人物至关重要

市场化网络组织解决了人才对工作投入的动力，形成自我驱动。但这种模式有效运作对于小团队的领导者综合能力的要求更高，否则“将帅无能，累死三军”。

企业可以选择两种模式，一种是“相马”模式，像华为、脸书、Supercell这样关注小团队领导者的选拔、培养和

赋能；另一种是赛马模式，例如像海尔这种官兵互选或韩都衣舍这种业绩说话的模式，让小团队的成员可以选择老板，不适合的可以优胜劣汰。

市场化结算需要成熟的财务核算能力

对于那些有独立收入和利润的业务团队，业务团队与平台还要进行市场化的结算，这是市场化网络组织能力实施的前提。而所谓市场化结算就是说，各要素的结算基本按照市场均价标准进行，与市场价格差异不大。

市场化结算对企业的财务核算能力要求很高。显然，如何切割、定义某个业务团队的收入、成本、利润、绩效就非常重要。华为曾经用8年时间为项目核算做准备，海尔在推行小微企业变革前也在财务核算方面也下了很大的功夫。

业绩可以短期展现的业务更适合小团队尝试

正如任何国家经济体一样，我们说的“市场化”指的是市场经济占主导，但是并不完全排除“计划经济”。市场化的弊端是业务团队相对短视、只关注自己业务团队的成果，这种模式更适合业绩展现周期短或从1到100的业务。

对于公司需要战略性布局的业务（如基础研发）和从0到1的战略性业务必须从上而下，由公司主导进行长远投资。在这种情况下，业务团队就不适合承担这些职责，更适合像阿里和华为那样放在中台孵化，暂时不要进行市场化结算，对这些业务，更有效的激励手段是股权或晋升等长期手段。

本章小结

移动互联时代，“市场化网络组织”将取代“管控式科层组织”，前者有三个特点：

- 人才至上
- 网络组织
- 市场化机制

打造“市场化网络组织”有四大基石：

- 业务团队：“特种部队”
- 共享平台：“后援基地”
- 战略伙伴：“盟友”
- 连接协调机制：“联合作战”

“市场化网络组织”在实践中需要关注业务团队领军人物和财务核算机制建设。业绩可以短期展现的业务更适合小团队模式

第三部分

打造人才“梦之队”

2016 年开年，迪士尼推出了一部“现象级”作品——《疯狂动物城》。这部动画电影在上映第二天，在豆瓣的评分高达 9.4，烂番茄网好评率高达百分之百，著名影评人甚至将其加冕为迪士尼历史上最伟大的动画片。值得关注的是，这部电影依旧由约翰·拉塞特（John Lasseter）监制，他身兼皮克斯动画工作室和迪士尼动画工作室首席创意官两个角色。

在上一部被公认为“现象级”作品的《狮子王》之后，迪士尼沉寂了近 20 年。不仅迪士尼的传统 2D 动画片部部都成了票房毒药，而且自从 2001 年奥斯卡设立动画片奖项以来，迪士尼连一次染指的机会也没有。2006 年，迪士尼为了得到像约翰·拉塞特这样的顶尖创意人才，不惜花费 74 亿美元收购皮克斯，来拯救自己日薄西山的动画产业。

更有趣的一点是，约翰·拉塞特在成为皮克斯创始人之一之前，曾是迪士尼的员工，而他在 1983 年因为“太过前卫”的观点，被当时变得非常官僚的迪士尼要求卷铺盖走人。

曾经只要发发工资就可以留下的员工，现在却需要 74 亿美元才能得到，值吗？事实证明，这次重金收购是非常正确的决策。自 2008 年的《闪电狗》开始，迪士尼动画在约翰·拉塞特的执掌下，开始老树发新芽——从 2012 年的《无敌破坏王》到 2013 年的《冰雪奇缘》，再到 2014 年的《超能陆战队》，直至 2016 年的《疯狂动物城》，无论是原创还是改编作品，迪士尼动画都是佳作频频，令人拍案叫绝。

“人才制胜”到了移动互联时代，愈发成为真理。不同的人才给公司带来的绩效差别，在工业时代也许只有二三倍，但是到了移动互联时代，很可能是 10 倍甚至是 100 倍。比尔·盖茨甚至说，“一位伟大的软件工程师编出的代码价值是平均水平的 1 000 倍。”这是因为创造性的工作不依赖于公司的流程，更多地取决于人才本身。

人才如此重要，那么企业应该如何打造一支人才“梦之队”，持续提升员工能力？

本部分围绕提升员工能力的 5Bs 模型展开：

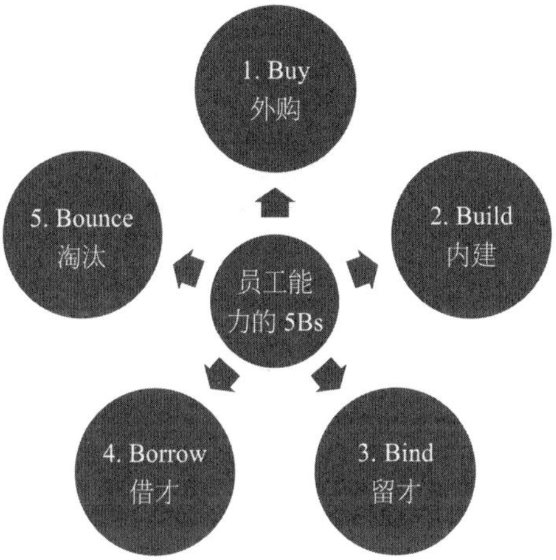

外购（Buy），即如何从外部获取人才（第七章）。

内建（Build），即如何在内部发展人才（第八章）。

留才（Bind），即如何保留人才（第九章）。

借才（Borrow），即如何借力外部人才池（第十章）。

淘汰（Bounce），即如何淘汰不合格的员工（第十一章）。

第七章

从“找到人才”到“找到杰出人才”

——通过 4S 模型提升外购（Buy）命中率

凤翱翔于千仞兮，非梧不栖；士伏处于一方兮，非主不依。

——诸葛亮

我们都知道刘备三顾茅庐的典故。刘、关、张也够辛苦的，“凡三往，乃见”。这一方面体现刘备“求贤若渴”的诚意，另一方面也体现出诸葛亮“择主而事”的非凡眼力。

于是，为了刘备大业，诸葛亮大展才华，他的《出师表》中的词句“鞠躬尽瘁，死而后已”，体现了在多年之后对刘备的知遇之恩依然铭记在心。

移动互联时代，“三顾茅庐”的典故值得我们深思。在用人思想上，企业人才外购（Buy）的思路需要从“找到人才”变为“找到杰出人才”。

特别是对一些关键领域的技术人才，他们的早年素质非常重要，换句话说后天很难培训。不要以为通过培训就会轻易改变一个人的思维方式，那会让你付出90%的时间而只能获得10%的效果。企业文化塑造、员工培训等工作的效果，90%取决于筛选的用心和严谨。人才找准了，后面的管理就会事半功倍。

搭建你的人才“梦之队”，越早越好

创业一开始就盯梢“牛人”

程维：一定要让自己的团队没有短板

滴滴创始人程维在接受媒体采访时，回顾了自己从2012年开始的艰辛创业历程。他说，最初自己找团队挺浪费时间，加上不懂产品和技术，就找了一个外包公司开发打车软件，结果交付产品后几乎不能用。付出沉重代价后，程维开始找技术合伙人，直到找到曾经在百度的技术牛人张博担任CTO。①

此后，他得出一个结论，“一定要让自己的团队没有短板——用百度的技术、腾讯的产品、阿里的运营、高盛的战略和投资组成一支联合国部队。”前高盛亚太区董事总经理柳青就是在这样的背景下加入的。

在创业期就开始用高举高打的人才获取策略，是滴滴用三年时间成为打车软件霸主的秘诀。

在速度制胜的时代，如果你比别人更早请到了更强的人才，你就会抓住时代的窗口期，进入更高规格的赛道，整个团队就会越来越强。

另外一个例子是，在2000年，也就是阿里巴巴成立的第二年，马云将雅虎专利技术的持有人吴炯、前通用电气高管关明生招致麾下分别担任CTO、COO职务，在2008年又引入原微软亚洲研究院常务副院长王坚……这些顶尖人才的加盟让阿里从创业不久就进入国际水平竞争的快车道，直至成为行业霸主。

所以，CEO在创业阶段应该把最主要的精力放在搭建一

---

① 朱晓培整理，《滴滴打车CEO程维：努力到无能为力》，载《财经天下》周刊，2015年3月。

支人才“梦之队”上，甚至可以不夸张地说，招聘是创业公司最重要的事。

笔者在接触国内的企业家时，很多人的反应是，我公司还小，没有名气也没有资源，小庙哪里请得到大和尚？是不是太理想化了？

针对这个观点，小米创始人雷军有一个切身体会：“其实，无论什么样的企业，找优秀的人都很困难。解决这个问题只有两种办法：一、花足够的时间找人，至少 70%；二、把现有的产品和业务做好，展示未来的发展空间和机会。”

今日头条创始人张一鸣也认为小公司招聘不会比大公司有劣势。他认为最优秀的人不愿意待在大公司，如果做的事情是有前途的、方法是正确的，并有开放的分享机制，小公司招人不会比大公司难。为什么？因为小公司的股票很可能有 10 倍的上涨空间，而大公司不能。[①]

磁石效应——通过杰出人才吸引杰出人才

三国人物徐庶，曾经担任刘备军师，并和诸葛亮是朋

---

① 林楚方，《楚方访谈之对话张一鸣：今日头条凭什么估值 5 亿美元》，2014 年。

图 7–1 **小庙找大和尚**

友关系。曹操用阴谋诡计得到徐庶，徐庶临走时“走马荐诸葛”，于是有了“三顾茅庐”的故事。

从这个故事当中我们可以发现，刘备能够求得诸葛亮，是因为之前雇用了另外一个杰出人才徐庶，他的作用不可或缺。

前文提到的“小庙请不到大和尚”的问题，刘备请诸葛亮出山的时候，身边也仅有关羽、张飞而已。比起曹、孙、二袁等阵势，实乃“小庙”。那么，靠什么能把诸葛亮请到手？一靠“求贤若渴”的诚意，二靠推销自己的志向，三靠给诸葛亮施展才华的舞台。

对于今天企业的CEO来说，只要你花了足够的心思请到了领军人物，就会招来一批牛人，因为优秀人才会遵循磁石效应。领英创始人里德·霍夫曼决定录用一个高管之后，马上跟着一个问题："除了你，你认为我们还应该找哪位重要人才？"

物以类聚，人以群分。杰出人才常常与杰出人才在一起，他们很难在一个平庸的团队里生存。正如“二流人才总会聘用三流人才，而一流人才只会聘用一流人才”，如果让平庸的人进入团队，就会让杰出人才最终离开，最后你只会得到一个平庸的团队。

通过4S模型提高招聘命中率

搭建人才“梦之队”，企业界还有一个不得不面对的现实，就是空降兵失败是大概率事件。

硅谷知名投资人马克·安德森认为：“即使你对待招聘极度重视和认真，你招到对的人的成功率差不多也就是70%——如果你运气不错的话，这还是说员工。如果你招的是高管，成功率差不多也就是50%。”在中国这个快速发展

图 7–2 空降经理

的环境，估计成功率还要低得多。

从成本的角度来看，员工级的人才流失，企业承担的成本是工资的 1.3 倍，管理人员是其工资的 2.5 倍，越高层的人员流失，风险越大。

在移动互联时代，如果能够显著提高招聘“命中率”(即如何确保招聘的人才既能在工作上有持续出色的表现，又能留在公司工作较长的时间)，企业就会少走弯路，投入的成本更低，发展的速度更快。

有哪些方法能够让企业成为吸引凤凰的“梧桐树”，显著提高招聘“命中率”？让我们一起用4S模型来破解困局。

Standard（标准）：我们需要什么样的人才？

Sourcing（搜寻）：通过什么渠道找到合适的人才？

Screening（筛选）：如何筛选最适合我们的候选人？

Securing（巩固）：如何确保我们看中的人才接受聘任？

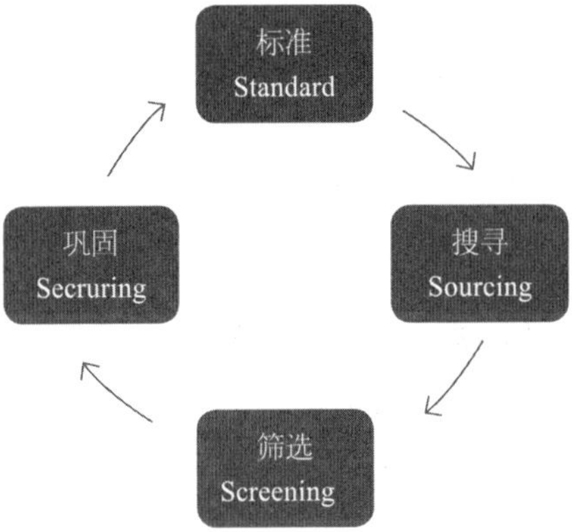

图 7–3　4S模型

标准（Standard）：高标准，严要求，持续提升基准

在移动互联时代，企业招聘人才的标准应该是什么？有岗位相关的知识和技能当然重要，但是业务基本都处于试错、迭代和快速变化的状态，所以还要看候选人未来的潜

力，特别是能不能在快速变化的环境下持续表现优秀。

移动互联时代更加看重学习能力、激情和文化匹配

学习能力

爱因斯坦曾经说过：“我没有什么特殊禀赋，只是抱有狂热的好奇心。”为什么有些人比另一些人学习能力更强？学者R.艾辛格和M.伦巴多在研究中提出了学习敏锐度（Learning Agility）[①]的概念，借鉴他们的研究，在企业实践中，我们认为有学习能力的人具备如下特点：

主动好学（心态）：心态开放，对新事物有好奇心，主动钻研，不轻言放弃，为得到答案可以废寝忘食；

归纳总结（聪明）：比其他人能更快学习和领会新事物的特点；

尝试摸索（实践）：在不断的实践中摸索最佳或较可行的答案，并持续改进迭代；

反思总结（复盘）：能清晰了解自己的强项和需要改善的地方，而且不断调整和突破固有思路和做法，适应新的岗

---

① R. Eichinger & M. Lombardo, “Learning Agility as a prime indicator of potential”, *Human Resource Planning.*

位或者环境要求。避免过去成功成为现在的失败。

谷歌的四个核心招聘标准中，有一条是“通用认知能力”，即“撷取新鲜事物，在分散的信息中发现规律以开发新能力、找出新的解决方案”，这其实就是学习能力。

腾讯要招“有梦想、爱学习的实力派”，“爱学习”就是有学习意愿和学习能力，这种人可以持续成长。

激情

哈佛大学教授戴维·麦克利兰曾经提出“成就导向”（Achievement Oriented）这个概念，高成就导向的人渴望将事情做得更为完美，获得更大的成功，他们追求的是在争取成功的过程中克服困难、解决难题、努力奋斗的乐趣以及成功之后的个人的成就感，他们并不看重成功所带来的物质奖励。

在企业实践中，我们发现高成就导向的人展现出来的行为就是激情。

开发了《英雄联盟》的美国领先游戏开发商拳头游戏公司（Riot Game）的招聘原则是，更看重激情和潜力，而不是经验。

马云也深信“做企业首先要有伟大的梦想，只要我们拥有梦想、激情和不断的努力，就可以到达成功的彼岸”。短暂的激情是没有用的，长久的激情才是有用的。一个人的激情用处不大，很多人的激情就体现出了其价值。打造一个跟你一样充满激情的团队极为关键。

有激情的人有三个方面的特点：

自驱力。他们有强烈的愿望成为一个出类拔萃的人，不需要别人敦促，因为他们对工作有一种非做不可的使命感，不靠金钱驱动。

热爱。他们因为热爱自己的工作而显得专注和纯粹，愿意对所做的事情投入100%的精力。

勇气。他们敢于挑战更高目标，迎着困难不停前进，永不言败，而不是总想给自己留条后路。

硅谷知名投资人马克·安德森认为，招人首先要看驱动力，驱动力就是自我驱使的能力——迎着困难，依靠自己的能力，不用别人敦促，去达成目标的一种能力。有驱动力的人，会不停地前进，前进，再前进，直到他们成功为止。激励一个本质上没什么内驱力的人，几乎不可能。而激励一个本来自己就有驱动力的人，就顺风顺水。

他认为一个典型的例子就是丘吉尔，丘吉尔在敦刻尔克大撤退之后说：“我们还没到扔白旗的时候。我们要坚持到最后，在法国、在海上继续战斗。我们要带着更强的信心与力量战斗……我们要在沙滩上、在陆地上、在田地间、在街道里、在山丘上，不停战斗……”

文化匹配

高绩效是依赖场景而发生的，同样是有学习能力和有激情的人才，有些人能快速融入组织，发挥价值，有些人不能。这主要取决于这个人是否和企业文化匹配。

文化匹配简单来说就是候选人的价值观和做事的方法是否和企业“气味相投”。

华为希望招的是有奋斗和牺牲精神的人，这些人往往胸怀大志，又一贫如洗。

京东特别强调招聘接地气、撸起袖子就能干活的高管，这种人可以前一小时还在谈判一个大合同，下一个小时就可以去做快递员。

谷歌希望招有谷歌范儿的人，这些人对模糊性感到舒服，聪明且谦卑。

拳头游戏公司则要招像专业运动员而不是家庭成员那样工作的人。

持续提升招聘基准

企业明确招聘标准后，要树立一个目标，就是“每一个阶段招聘的人都要比前一个阶段的人优秀”。坚持做下来，人才队伍就会越来越强。

谷歌是成功实践“新进入的人才要比现有人才的水准更高”的公司。人力运营高级副总裁拉斯洛·博克提到自己工作非常欣慰的一点是，董事会认为“谷歌每进一批新人，平均水平比以前都有提高”。

亚马逊为了提升人才水平，在面试过程中设立了抬杆者（Bar Raiser）这个角色来评估应聘者，通常都是比较资深的人兼任，他们负责提出相对较难的问题，并接受过公司有关于“如何做抬杆者”的培训。

拳头游戏公司招人的标准是每个新人必须高于原有团队50%的能力以上才能招。

企业在创业阶段如果因为知名度和资源的限制，没有一次招到一流人才，只要能够持续坚持提升招聘基准，让面试官坚持招聘至少某一方面比自己更强的人才，企业的成长就会持续加速。

寻找（Sourcing）：向优秀人才推销自己

突出卖点（雇主品牌）

在人才市场上，大家都抢夺的人才基本都是被动型人才（Passive Job Seekers）。他们的特点是并不急于找工作，往往是工作找到他们，因此招聘越来越向营销靠拢。就像产品品牌要明确目标消费者和卖点一样，企业要想清楚自己的目标人才，以及对他们的卖点是什么。卖点要力求真实、有价值和差异化。

真实：意味着公司真的是这样做，这样员工才会自发地成为伯乐，也不会让员工加盟公司有被忽悠的感觉。

有价值：意味着要从目标候选人的角度思考他们需要什么，最关注什么。

差异化：差异化意味着能比竞争对手提供更多或更独特的价值。

以上三者缺一不可。

高端人才

针对高端人才，企业往往采取单点猎聘的打法，卖点一定要定制化，高度匹配个人需求。

例如，干嘉伟加入美团担任COO，是因为认可美团的三大卖点：第一是行业机会，他在阿里B2B抓住了PC互联网的机会，而美团可以帮助他抓住移动互联网的机会，第二是在美团可以施展才华，第三是认可王兴这个人。

广泛人才

对于广泛人才，企业应该树立一杆大旗，形成1~2个可以广泛传播的卖点，这是营销的平台式打法，这样可以极大拓展对企业感兴趣的人才池。那些在招聘上做得非常好的企业都有清晰的雇主品牌，通过持续地传播，形成了自己独特的雇主形象。

微软的卖点是可以和行业最优秀的工程师合作，可以站在技术的最前沿，尽情发挥想象力和创造力。

星巴克的卖点是每个员工都是“合伙人”，因为在这里，同事之间有朋友般融洽的关系，另外星巴克也做到了人人都有股票。

宝洁的卖点是发展领导力，宝洁常年在各大咨询公司的最佳领导力调研中名列前茅，在业界也以内部培养领导人才著称。

通用电气的卖点是有挑战、多样化的职业发展机会，因为通用电气业务多元化、全球化。

谷歌的卖点已经形成了一句标志性口号，就是“做很酷又重要的事情”（We Do Cool Things That Matter），强调工作可以改变世界又有趣。谷歌还个性鲜明地提到“自己不是一家传统公司，也不打算变成那样”。

让员工成为伯乐

员工推荐一直都是最有效的招聘渠道——员工理解公司需要什么人才，也理解候选人的特点，如果员工真心热爱在公司的工作，他们就会成为效率最高的猎头，公司最好的伯乐。在很多公司，例如谷歌和脸书，几乎一半的员工都是通过员工推荐加入公司的。

鼓励员工推荐有两个关键环节。

让每一位员工成为品牌大使

当一家公司的卖点（雇主品牌）名副其实时，员工往往就会迫不及待地将这里的工作机会推荐给自己的朋友圈。很多公司非常看重员工意见，基于员工意见调研，调整公司的各项政策，这样员工才会愿意成为公司的代言人。

让伯乐知道自己推荐的千里马的进展

很多公司用员工推荐奖金来鼓励员工推荐。但是，提高员工推荐率，奖金不一定是首要原因，让伯乐知道自己推荐的千里马的进度可能更加重要。

谷歌有一段时间后来内部推荐比例有所下降，先是尝试将推荐奖金从2 000美金变成4 000美元，然而并没有改变员工推荐率。经过分析，员工之所以推荐身边的朋友，是因为他们喜欢在谷歌工作，并希望与更多的人分享；而提高推荐率的关键在于让伯乐及时知道自己推荐的千里马的进展，否则会打击推荐员工的积极性。基于这些信息，谷歌做了调整，员工推荐的积极性又被调动起来了。①

锁定目标人群，主动寻索

真正优秀的人才不找工作，因为他们往往成绩优异，在自己公司被重用。在劳动力市场上积极发送简历的主动求职者（Active Job Seekers）不一定是最优秀人才。所以，企业需要通过不同渠道了解行业内或专业领域中谁是高手，主动

---

① Laszlo Bock, Work Rules!: Insights from Inside Google That Will Transform How You Live and Lead, *John Murray*, 2015.

联系，用三顾茅庐的精神吸纳他们到公司。

常用的方法包括针对目标企业绘制人才地图（Talent Mapping），参加专业论坛或者社区，认识该领域的顶尖高手。

人才地图

企业一般通过猎头公司和新加盟员工，收集目标企业的人才信息，包括组织架构、部门负责人和核心人才（名字、职别、薪酬、司龄）、企业目前整体氛围等相关信息，初步筛选后，通过猎头公司或者朋友圈接触可能人选。

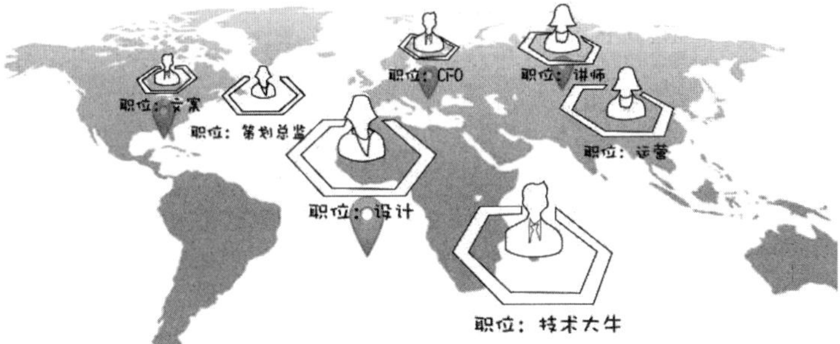

图 7–4　人才地图

论坛和专业社区

企业也会派招聘人员参加业内不同高端论坛、专业讨论区、社交圈子，同样是希望认识和接触相关领域优秀人才，主动寻找，而不是等待找工作的人群的申请。

筛选（Screening）：谨慎做出聘任决定

在移动互联时代，什么都要快，但是人才甄选却不能急。在硅谷实地调研中，我们深切感受到谨慎招聘（Hire Slow）已经成为硅谷公司共同的招聘信条。

优秀的人才通常没耐心等待，为什么还要谨慎招聘？这是因为招聘决策如此重要，甄选失误带来的影响如此深远，企业不得不牺牲速度而换取质量。如果你仓促做了招聘决策，就很可能要在低效的培训和无休止的反馈、痛苦的绩效提升计划中耗费时间，为什么不一次做对呢？

那么，如何提升甄选质量？如下三个关键点需要尤其注意。

运用有效的测评工具

很多企业在人才甄选方面非常粗放，随便看看简历，问几个问题就了事，这是非常不妥的。提升人才命中率，必须使用高效的测评工具。由于人的高度复杂性，即使是最有效的单一工具，预测的有效性只有20%~30%，所以有必要运用组合工具方式并采取多轮面试方式进行测评。

从实践来看，哪些工具简单有效？

工作样本测试

工作样本测试对候选人未来可能面临的实际工作场景、工作内容进行抽样和模拟。然后，观察和评价候选人所表现出来的工作绩效。工作样本测试是最有效的单一测评工具，通常预测的有效性为29%。[①]

一个简单的例子就是，如果你招聘工程师，就让候选人写一段代码；如果你招聘一名策划人员，就让候选人写一段文案；如果你招聘销售代表，就让候选人试着卖东西给你。

认知能力测试

认知能力测试是衡量一个人学习及完成一项工作能力的测试，通常包括语言能力、计算能力、感知速度、空间能力及推理能力测试，预测的有效性大概是26%。[②]

这种测试尤其适合于没有实践经验的候选人。由于学

① Frank L. Schmidt and John E. Hunter, “The Validity and Utility of Selection Methods in Personnel Psychology: Practical and Theoretical Implications of 85 Years of Research Findings,” *Psychological Bulletin*, 1998.

② 同上。

习能力非常重要，所以这项测验在甄选初中级人才的时候，越来越受到重视，例如谷歌在甄选人才的时候就用到这一工具。

行为事件面谈

这是结构化面谈的方式之一，在领先企业已经得到广泛应用。它通过一系列对真实事件而不是假想事件的询问，了解应聘者是否具备公司所要求的能力，通常预测的有效性是26%。[①]在准备面谈前，面试官需要先根据公司和岗位要求的关键能力准备相关的问题，并通过导入性问题和探索性问题开展面谈。

导入性问题

用于导入你关心的一项能力，通常以“请举一个例子”开头。例如，如果你想评估求职者的创新能力，就可以问,“请举一个例子，你是如何用新的方法解决一个棘手的问题？”

探索性问题

然后，你需要用STAR模型[②]来还原当时的真实场景。

---

① Frank L. Schmidt and John E. Hunter, “The Validity and Utility of Selection Methods in Personnel Psychology: Practical and Theoretical Implications of 85 Years of Research Findings,” *Psychological Bulletin*, 1998.

② 人力资源咨询公司智睿咨询总结的行为面谈方法。

S指情景（Situation）：这件事情发生的时间、地点、人物等背景介绍。

T指任务（Task）：这件事发生在什么样的场景下，你要完成什么任务？面对什么抉择或者两难？

A指行动（Action）：你扮演什么角色？你做了哪些事情？

R指结果（Result）：事情结果如何？你收到了什么反馈？

行为事件面谈成功的秘诀就是对细节的深挖，像放电影一样还原当时最真实的场景，这样面试官就可以判断候选人提供的信息是否属实，是否具备要考察的能力。

严格的面试官质量管理

不管多么优秀的测评工具，如果面试官没有经过严格的训练，都无法保证甄选质量。因此，必须采取严格的培训、认证和考核手段，确保面试官的质量管理。

谷歌

谷歌有一个“可信赖面试官”计划，挑选擅长面试的员工进行培训，根据参与面试次数、可靠性、反馈质量和及时性等进行绩效评分，并接受监督质疑。每个面试官都有关于其对候选人的面试评分和候选人是否被录用的历史记录，通过判断评分准确率，方便他人参考该面试官信息的可靠性。①

脸书

信奉“牛人喜欢和牛人工作”的脸书鼓励技术牛人申请担任面试官。但是，要成为面试官，他们需要通过培训，开始面试时会由有经验的面试官在现场观察并辅导，直到可以独立面试，合格后才会给予面试官资格。

严谨的审核过程

为了提升招聘命中率，移动互联时代的招聘还有一个重要特征，就是录用决策过程更加严谨，这意味着公司CEO和高管要投入大量时间用于面试和录用决策。

谷歌

非常独特的一点是，谷歌的用人经理没有录用决策权，

---

① Laszlo Bock, Work Rules!: Insights from Inside Google That Will Transform How You Live and Lead, *John Murray*, 2015.

而是交给了委员会。这是因为谷歌担心用人经理迫于业务的压力降低招聘标准，而委员会的考虑则是对公司最佳的录用决策。

谷歌的录用决策要经过三层委员会审核，第一层是部门招聘委员会，他们基于招聘卷宗进行录用决策，招聘卷宗严谨、忠实地记录了候选人面试的“全景图”（每个候选人有一个综述页和40~60页的完整记录）；第二层委员会是公司高管，进一步把关；第三层就是拉里·佩奇，这意味着每个新人的录用决策都要拉里·佩奇最后把关，即使谷歌的员工人数已经超过了5万人！[①]

滴滴

程维说：“我每天有30%的时间和精力用来面试。面试是第一优先级的。我们非常在乎团队，所有总监以上的我都要见。”[②]

---

① Laszlo Bock, Work Rules!: Insights from Inside Google That Will Transform How You Live and Lead, *John Murray*, 2015.

② 李翔，《程维谈速度之子滴滴快的：如履薄冰》，载《财经天下》周刊，2015年11月20日。

巩固（Securing）：悬千金不如礼下士

聘书阶段：感情投资，以情动人

找到了优秀人才，发了聘书（Offer），并不代表对方会过来，因为优秀人才除了你要之外还有很多公司抢着要。首先聘书上的薪酬待遇要合理，有竞争力。此外，在发聘书和入职之前公司需要紧密跟进，让候选人觉得公司很关心他，重视他，以情动人才是关键。对于优秀的人才，无论请多高级别的领导来投资感情都不过分。

微软

微软每年招的都是非常优秀的人才，但挑战是这些人一毕业都会拿到多个聘书。20 世纪 90 年代微软的做法是：每年 4 月，由当时的CEO比尔 · 盖茨亲自打电话给这些人，邀请他们加入微软，一起改变世界。

这个电话有很大的魔力，让候选人感觉公司很重视他，让他们相信自己将来在微软的前景会很美好。如果各家公司给出的其他条件差不多，这些人就很有可能因为比尔 · 盖茨这个电话加入微软。

万科

万科在推行007计划（猎聘社会高端人才）时，郁亮和王石都充分体现了尊重人的诚意。

以猎聘凯德置地的毛大庆为例，郁亮去北京出差，经常约凯德置地毛大庆见面，这种交流前后持续近1年，让毛大庆对万科和万科职业经理人的认同感越来越强。

王石也多次与毛大庆进行沟通交流、吃饭，为了解决毛大庆跳槽的顾虑，他给凯德置地的董事长去信，感谢凯德对毛大庆的培养，也希望与凯德进一步合作。凯德回信：“确实很惋惜，但万科是个非常优秀的企业，凯德与万科的关系不会因此改变。”①

美团

美团王兴为了寻找最出色的地推领军人物，先后六次飞到杭州和当时还在阿里巴巴B2B事业部的干嘉伟见面，并请投资人和他谈了三次。

这种三顾茅庐的精神最后打动了干嘉伟，他决定加入美

① 王石，《大道当然——我与万科2000—2013》，中信出版社2014年版。

团。后面证明王兴的三顾茅庐是非常值得的，干嘉伟帮助美团打造了一支地推铁军，成为美团在团购行业最后胜出的核心竞争力。

融入阶段：管理期望，提供机会

刘备在三顾茅庐时，张飞和关羽并不理解诸葛亮的价值，见不到诸葛亮，张飞甚至说自己绑他来！

诸葛亮加入后，刚好遇到曹军杀来。诸葛亮指挥关、张前去迎敌，二人冷嘲热讽，质疑诸葛亮为什么不到前线打仗，要在家里坐着。直到刘备说："岂不闻运筹帷幄之中，决胜于千里之外？二弟不可违令。"

结果仗打赢了，关、张二人终于感到了由衷的佩服，说道："孔明真英杰也！"

外部人才加入并不代表招聘工作的完成。"空降高管"之所以失败率很高，主要是融入阶段出了问题。外部高管往往薪水很高，又被三顾茅庐请来，因此团队对他/她的期望也会很高，希望短期内就有业绩。而外部高管在加入公司后，本人的期望也会经历"过山车"般的变化——在刚加入的时候往往希望"大展拳脚"，遇到挫折后可能心灰意冷，萌生退意。

因此，领导者责无旁贷地需要经营好融入阶段，在新人期望高涨的时候帮助他理解现实的挑战，在期望低落的时候加油鼓劲。

越高端的人才，越要关注提供“打胜仗”的机会，找到新人专长和团队需求的结合点，像诸葛亮和关、张一样共同打赢一场胜仗，团队对新人的认可度就会提升，融入就顺利了。

本章小结

移动互联时代，人才外购的思路将从“找到人才”变为“找到杰出人才”，搭建人才“梦之队”越早越好

通过4S模型提升人才外购的“命中率”：

• 标准（Standard）：看重学习能力、激情和文化匹配度。高标准，严要求，持续提升基准

• 搜寻（Sourcing）：突出卖点；让员工成为伯乐；锁定目标人群，主动搜寻

• 筛选（Screening）：运用有效的测评工具；严格的面试官质量管理和严谨的审核过程

• 巩固（Securing）：聘书阶段，关注感情投资，以情动人；融入阶段，管理期望，提供机会

第八章

从“常规成长”到“加速成长”

——内建（Build）要找对人才，用对方法

要使山谷肥沃，就得时常栽树。

——约里奥 · 居里

在中国，伯乐相马的故事广为流传。伯乐是春秋时期秦国一位大臣，名叫孙阳，是当时最权威的相马专家。他曾为秦穆公的军队挑选了无数的千里马，经他挑选的马都异常出色。他还亲自为秦穆公选了一匹千里马，秦穆公就是骑着那匹千里马，攻下了十二个国家，称霸西戎，为以后秦统一天下打下了坚实的基础。

而在19世纪，英国政治家杰明 · 狄斯雷斯在《年轻的公爵》这部小说中描写了一个精彩的赛马场面。比赛刚开始，两匹夺冠呼声最高的良种马一路领先，眼看其中一匹胜券在握，全场为之狂呼。不料在接近终点时，忽然有一匹不起眼的黑马从后面奋力追赶上来，风驰电掣地把两匹良种马抛在后面，领先抵达终点，夺得了冠军。从此，“黑马”变成了常用语，用于比喻实力难测的竞争者或出人意料的优胜者。

移动互联时代，创业变成了一场路径不明的马拉松赛跑，大家都在不确定性中探索，如果业务发展速度远超于人才的发展速度，必定会让企业力不从心，丧失竞争能力。

因此，你的团队学习能力一定要强，人才培养最大的变化就是从“常规成长”变为“加速成长”。

如何加速成长？这意味着在你的团队中，相马和赛马两种手段都要用——既要学习伯乐的相马精神，精心挑选千里马，重点培养，也要创造公平的赛马机制，给“黑马”营造脱颖而出的机会。

我们认为，人才加速成长有两个杠杆：

一是找对人才，通过人才盘点，识别高潜，重点投资。

二是用对方法，结合多种针对性人才培养方法，提升学习效率。

找对人才，识别“高潜”

人才盘点，就是伯乐挑选千里马的过程，它通过系统的工具和流程，分析、评估组织对关键人才需求和供给之间的差距，制定关键人才的外购（Buy）、培养（Build）、保留（Bind）、外借（Borrow）和淘汰（Bounce）举措以减少这个差距；它也是让高潜力人才尽快浮出水面，进行重点投资的过程。

人才盘点的价值

通用电气的“C会议”

百年老店通用电气被《商业周刊》称作拥有“全世界最强大的人才队伍”，世界500强企业里有近1/3的CEO来自通用电气。通用电气的秘密就是“C会议”，这就是通用电气版的人才盘点管理会议。

通用电气长期信奉“人才优先于战略”，C会议、战略、运营预算会议并列公司三大核心流程。

C会议让通用电气在组织内囤积了大量看人很准的高手，

他们坚持像研究每个财务数据一样挖掘每个人才的独特之处，帮助高潜人才订制发展方案。源源不断的优秀人才驱动了通用电气业务持续、稳健地保持双位数增长。

我们总结一下，在公司内部长期坚持人才盘点的意义：

抓住业务契机：“人才优先业务”——只有人才储备到位，才能抓住转瞬即逝的市场机会；

降低人才风险：降低人才短缺带来的业务风险，不会因为关键角色的人员跳槽、退休、生病等原因带来业务的波动；

实战练兵：让管理人员对人才评价的语言达成一致，并提升管理者识人用人的水平，帮助企业囤积“人才管理大师”；

提升回报：让高潜人才浮出水面，进行重点投资，提升人才培养的回报率。

人才盘点三步法

第一步，识别人才需求。

目的。这一步的核心目的是识别未来1~3年（不同行业有不同规划期）的战略对人才的需求，同时也是评估1~3年的实施战略是否可行的过程——如果人才准备度不够，战略规划的可行性会大打折扣。

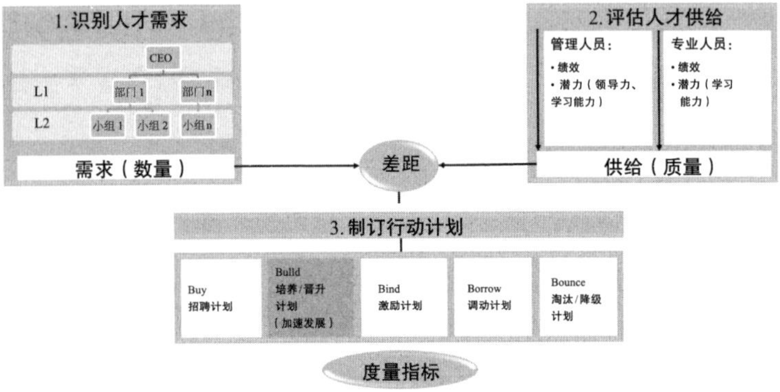

图 8–1　人才盘点三步法

方法。人才盘点应该先从关键角色入手，再逐渐推广到各个角色。如果你的企业第一次进行人才盘点，可以将公司第一层（即向CEO汇报的层级）、第二层组织架构图及负责人画出来，结合未来1~3年的战略，对当前组织架构进行反思。

需要回答的关键问题。结合1~3年的战略要求，现有组织架构和角色分工需要做哪些调整？哪些角色至关重要？

产出。在这个基础上，明确未来1~3年组织架构是否新增、撤销等，明确组织架构、关键角色以及对人的需求。

第二步，评估人才供给。

目的。这一步的核心目的是判断现有人才供给（包括数量和质量）是否可以满足组织未来1~3年的需求。

需要回答的关键问题。结合战略和组织架构要求，当前人才在数量、质量存在哪些差距？是否可以满足未来业务的需求？

判断标准。绩效当然是非常重要的标准，但是绩效只是对人才过往表现的评估，并不代表具备未来承担更大职位、更高职责后表现依然出色的潜力。因此，绩效只构成了必要条件，但并非充分条件。一项针对欧美企业超过 10 000 人的研究发现，高绩效人才中只有少部分是高潜力人才（29%），但高潜力的人才绝大部分都是高绩效人才（93%）。

那么如何判断潜力？我们认为在移动互联时代，不管管理人员还是专业人员，学习能力是潜力最核心的判断依据。对于管理人员来说，领导力则是预测潜力的另外一个重要标准。世界人力资源管理大师戴维·尤里奇分析了 20 家领先企业的领导力标准后得出结论，虽然领导力标准在不同企业存在差异，但是 60%~70% 是共通的。如果你的公司还没有领导力标准，也可以先借鉴业界成功经验再在实践中优化。[①]

---

① ［美］戴维·尤里奇，诺姆·斯莫尔伍德，凯特·斯威特曼，《领导力密码》，中国人民大学出版社 2011 年版。

产出。通过绩效（最好有过往两次绩效结果）和潜力（管理者：学习能力+领导力；专业人员：学习能力）两个维度的盘点，我们就可以把现有人才划入九宫格（如图 8–2），其中划入 9 格（绩效和潜力双高）、8 格（潜力高、绩效中）、7 格（绩效高、潜力中）的这些人，可以作为公司培养、发展和保留的重点。

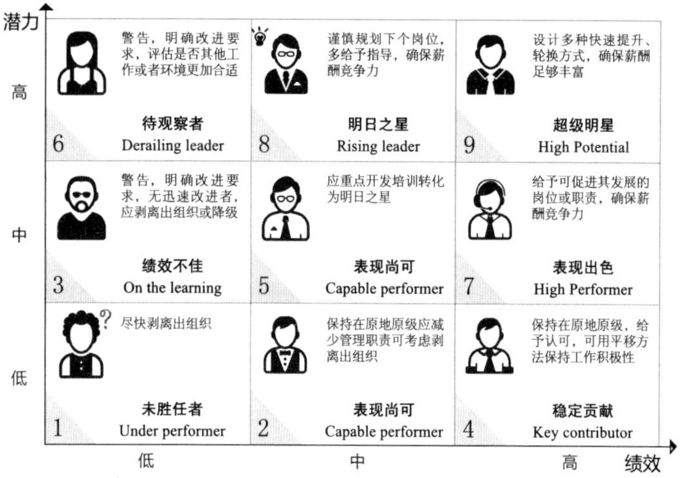

图 8–2 **潜力与绩效**

第三步，制订行动计划。

目的。将人才需求和供给进行对照分析，可以看到人才差距，据此有针对性地制订行动计划。包括：

外购（Buy）：详细做法见第七章；

留才（Bind）：详细做法见第九章；

借才（Borrow）：详细做法见第十章；

淘汰（Bounce）：详细做法见第十一章；

内建（Build）：这是本章探讨的重点，见下文。

内建（Build）需要回答的关键问题。针对关键角色，如果我们决定主要靠内部培养（事实上，卓越企业都在坚持人才内部培养为主的策略），那么：

其一，现任人员的长处和短板是什么，我们需要量身定制什么方案加速他们的发展？

其二，如何培养合适的继任者，来减少关键角色人才短缺风险？尤其是九宫格中的7、8、9人才：

- 哪些人马上可以接任？哪些需要等1年？哪些需要等2年？
- 他们的长处和短板是什么？
- 需要给他们量身定制什么样方案加速他们的发展？

京东的人才盘点[①]

京东的高速增长掩盖了很多问题，也暴露了很多问题，

① 李志刚，《创京东——刘强东亲述创业之路》，中信出版社2015年版。

尤其严重的是人才缺口问题。京东已经在国内 1 862 个区县设置配送站，每个站必须配备一名站长。按照京东配送的扩张，未来每年能否提供足够数量的站长？在人员与业绩高速增长的时候，公司需要足够的基层干部支撑起这个组织。

隆雨（CHO 兼首席法律总顾问）加入京东之后，开始大规模地梳理人才战略，从 C×O（首席××官）到副总裁到总监到经理，一层一层地看人才储备是否能够支撑京东长期发展，每一层管理者有无足够的合格继任者。现在的情况是，副总裁和总监一级比较成熟，总监以下有缺口，如何快速布局好这一级人才，在总监轮岗或者升职时顶上来，是巨大的挑战。

2013 年，领导力模型建立之后，京东开始用九宫格进行人才盘点。原来公司对人才的判断，是老板说了算，单线联系。不过，人是怎样的，必须有多维度的判断，他的上级如何看待他，他如何看自己，同事如何看待，要多维度地判断，这就必须搭建共通的语言平台。否则，就变成了我拿标准 123 来判断，你拿标准 ABC 来判断，你不能说 123 是错的，也不能说 ABC 是错的。

人才盘点的第一场是 C×O 级会议，盘点副总裁们。2013

年 6 月 8 日，刘强东坐在一旁全程观摩，看盘点京东首席财务官、首席营销官、首席人力官、首席运营官等 30 多位副总裁的素质和潜能。大多数副总裁是他亲自带出来的，他心里再清楚不过了。有好几次，他话到嘴边，又赶紧喝一口水把话咽下去了。长达 6 小时的盘点，刘强东始终保持沉默，直至最后才以观摩人的身份发言总结。他唯一一次用否决权，是在盘点第八格中的人才时，人数多了。某位C×O就说，这样吧，把我的人给拉下来。但刘强东说，对不起，我要实行否决权，如果他真的是第八格中的人才，就应该让他待在这里，我不同意你做让步。人才盘点结束，观摩人才进行一一点评。

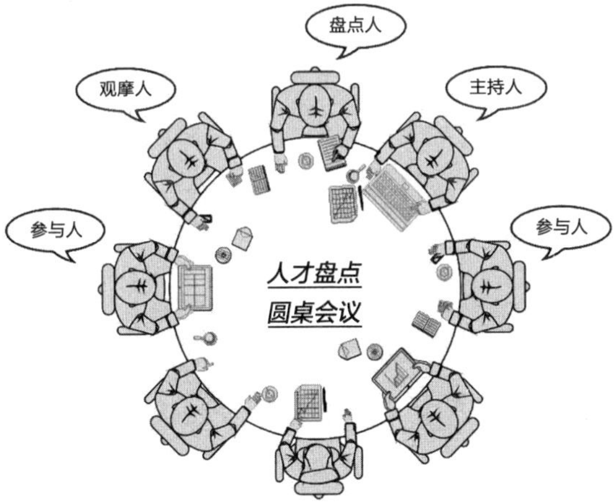

图 8–3　京东的人才盘点

这次人才盘点也震动了刘强东，他没想到大家能这么客观全面坦诚地交流，外部顾问也告诉隆雨：“真没想到会在京东成功落地。”他一直不觉得民营企业能够达到这样的开放程度。

用对方法，提高学习效率

长期以来，卓越的领导者都非常重视人才的培养。

英特尔创始人安迪·格鲁夫曾经说过：“举个例子，如果你必须为你的部门上 4 堂课，假设每堂 1 小时的课你要花 3 小时准备，那么你花在这次培训上的时间是 16 小时。你的部门如果有 10 个人，第二年他们在公司的工作时间将大约在 2 万小时左右。如果你的培训能将部属的绩效提高 1 个百分点，对公司而言便是多了 200 小时——而这只是你花了 16 小时的结果。”①

从格鲁夫的话中我们可以很明显看出，培训员工具有“杠杆撬动”的管理功效。但是，只靠培训，加速成长的效

① ［美］安迪·格鲁夫，《格鲁夫给经理人的第一课》，中信出版社 2007 年版。

果还不够，我们需要更多有效的杠杆来提高学习效率。

成人学习有一个 80/20 法则，即只有 20%的知识是能从培训课程中获得的，剩下的 80%都来自于实践锻炼。这是因为，成人的认知与小孩子有别，他们在许多领域已经具备一定的经验和见解，如果没有亲身经历，不太容易改变既有的观念和习惯。

具体实施起来，对成人的培养需要因地制宜地使用培训课程和实践锻炼。文化融入和管理基础技能提升更加适合培训课程，而高水平的业务判断和专业能力则更加适合在实践中锻炼。

培养内容

培养方法		业务决策/专业能力	文化融入/管理技能
	培训课程	辅助方法	最有效方法
	实践锻炼	最有效方法	辅助方法

图 8–4　人才培养的内容与方法

培训课程——文化融入

为了帮助新进人才快速融入团队、了解公司做事方法、与其他同事有效协作，很多企业都高度重视新人融入阶段，投入大量培训资源帮助他们适应新的工作环境。

谷歌：Noogler[①]课程

谷歌的新人课程为期一周，部分课程包括：

• 在谷歌 1 美元的生活（The Life of a Dollar at Google）。

• 谷歌搜索背后的场景（Behind the Scenes of Google Search）。

• 人力资源常见问题，如股票、发薪和福利（HR Q&A, Including Stock, Payroll and Benefits）。

• 有关部门、产品和流程的多次对话（Dozens of Talks on Departments, Products and Processes）。

• 最后结束于当周员工会议TGIAF（Thanks God It's Almost Friday）。

脸书：FB[②]训练营

FB 训练营为期 6 周，所有新招聘的工程师都要参加。

• 前 4 周做各个部门给新人放出来的项目，新人的导师会指导新人如何选项目。

---

① Noogler，谷歌内部发明的单词，由New Google缩写而成，意为新近才开始为谷歌工作的人，或谷歌新员工。

② FB，Facebook的缩写。

• 第5—6周用人部门和新人双向选择：用人部门会给新人做介绍，新人有兴趣的可以去找需求部门沟通并确定归属部门。

亚马逊：启动计划+训练营

• **启动计划**（Launch Plan）：在亚马逊，新人加入时就会有启动计划的沟通，启动计划有固定的模板，包括加入初期明确的工作任务和明确的结果要求。

• **训练营**（Bootcamp）：加入后1~2周内有训练营，一般为期2天。会请有经验的人介绍公司的流程及系统问题。

培训课程——管理技能

很多企业在高速发展时都会面临管理人才断层的挑战，其中一个重要原因是企业过于专注业务，忽视了管理技能培养。

管理大师拉姆·查兰在《领导梯队》一书中曾经提到，一个人在职业生涯的发展中，从最初的独立贡献者到成为公司的CEO，会进行6~7次转身。当角色发生变化时，管理者的自我认知、能力要求和时间分配都需要很大的调整，相应的管理培训，辅以导师辅导、在岗实践和问卷调研，将有助于他们更快适应管理岗位的新要求。在这方面，阿里巴巴的九板斧、华为的干部转身计划、谷歌的氧气计划做法非常值得借鉴。

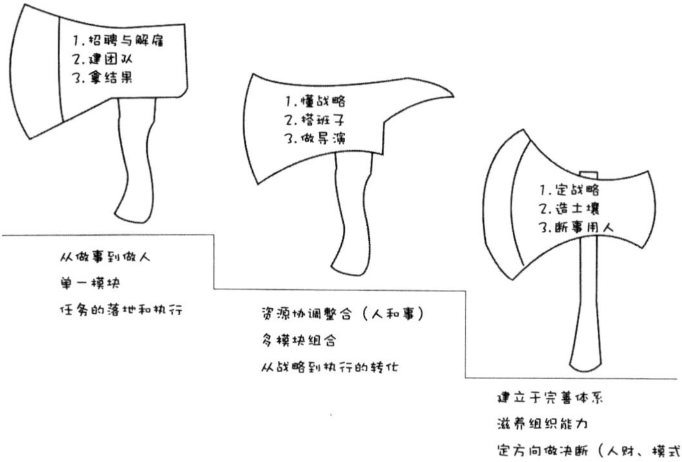

图 8–5　阿里巴巴管理修炼之路——九板斧

阿里巴巴的管理修炼之路包括腿部力量（针对基层）、腰部力量（针对中层）和头部力量（针对高层），每个层级各有“三板斧”，一共是“九板斧”。

• 腿好，才能站得稳，踢得准，踢得狠。基层需要修炼的三门课包括：招聘与解雇、建团队、拿结果。

• 腰好，头脑才能清楚。中层需要修炼的三门课包括：懂战略、搭班子和做导演。

• 做决策要用脑，脑子要冷静。高层的三板斧包括：定战略、造土壤、断事用人。

华为的干部转身 90 天计划[①]

华为在干部培养方面高度重视上岗环节，即干部新进入一个岗位，需要帮助他们适应角色调整，避免“转身”陷阱。

以基层干部为例，华为开发了基层干部角色认知和实践检验项目，这个项目会进行核心价值观的学习研讨和角色认知研讨，一共有一周的时间。之后，会进行半年的在岗实践，然后再进行述职、答辩，合格的人才能够进行任命。

对于关键岗位的干部，如果管理跨度比较大，那么华为还会单独给他们制订新干部上岗的 90 天转身计划。

谷歌针对管理者的向上反馈调研（Upward Feedback Survey）[②]

为了让管理者成为超棒的管理者——“不是一个还不错

---

① 王玲，《华为前高管解密：华为的干部队伍是这样建立起来的》，正和岛，2015 年 12 月 18 日。

② Laszlo Bock, Work Rules!: Insights from Inside Google That Will Transform How You Live and Lead, *John Murray*, 2015.

或挺好的经理，而是一个真正理解他们、能让他们每天上班都很兴奋的经理”，谷歌开发了专门的培训资源。例如，“教练技巧”“职业发展对话”等。但是，真正让管理者意识到自己需要上这些课程的，还是看到自己的向上反馈调研结果的时候。

塞巴斯蒂安·马洛特第一次看到自己的向上反馈结果时，觉得这是一个灾难。不久前，他从甲骨文离职加入谷歌，担任谷歌欧洲市场销售VP（副总裁）。这个结果甚至让他思考加入谷歌是不是一个正确的选择，因为他的经理给他的绩效评估很好，但是向上反馈调研的结果很糟糕，而在甲骨文，所有的评价都和业绩相关。

什么是向上反馈调研？这是在谷歌内部帮助管理者了解员工对他们管理技能反馈的调研。这个调研的基础是谷歌对内部优秀管理者和糟糕管理者的实证研究，研究人员发现好的管理者有8个特征，而不好的管理者有3个特征。

谷歌基于成功管理者的8项行为设计了向上反馈调研，每半年进行一次员工匿名调查，目的是帮助他们了解自己的管理技能盲区，成为更棒的经理。管理者在看到自己的报告时，可以找到相关培训资源，并可以学习课程。

一个成功的管理者……

1. 是一个好教练
2. 授权团队，不做微观管理
3. 对团队成员成功和个人的状态展现出兴趣和关注
4. 高产出和结果导向
5. 是一个好的沟通者——倾听和分享信息
6. 助力员工职业发展
7. 团队拥有清晰的愿景/战略
8. 掌握关键技术专长，能够指导团队

陷阱：什么原因导致管理者挣扎？

1. 转身艰难（例如，突然升迁、从外部招进公司且没经过什么培训）
2. 对于绩效管理和职业发展缺乏一致的理念/方法
3. 在管理和沟通上花的时间太少

图 8–6　一个成功的管理者

幸运的是塞巴斯蒂安·马洛特没有放弃——他和HRBP（人力资源业务合作伙伴）一起回顾了所有的评语，并制订了一个计划。随后，他做出了调整，包括和团队沟通的方式以及更加关注长期战略等。在两次调研周期后，他的向上反馈调研结果从46分提高到86分。现在，塞巴斯蒂安·马洛特已经成为谷歌最受追捧的领导者之一。他发现自己加入的时候是一个销售的资深人士，现在更像一个总经理。

塞巴斯蒂安·马洛特是谷歌管理人员基于数据了解自己、提升自己的一个缩影。

实际运作下来，大多数管理者将自己的向上反馈调研结果和团队分享，并和他们讨论如何改进自己的行为。2010—2012年，谷歌管理者向上反馈调研的平均分从83分（88%的人正面评价）提高到了88分。

我们都知道，能够对自我进行深刻认知、省察和反思的人成长得最快。进入领导岗位后，管理者的效能不再取决于个人的业务水平，而是对团队效能的影响，自我认知变得尤其重要。因此，我们发现能够帮助人才照镜子、加强自我认知是人才加速成长的起点。谷歌的向上反馈调研，首先找到卓越管理者行为的标准，然后通过半年一次的问卷调研，让所有的管理者照镜子，进而找到差距，激发改变的愿望。

实践锻炼——培养“帅才”的相马机制

韩非子曾说过，“猛将必起于卒伍，宰相必发于州郡。”这说明古人就已经知道实践锻炼对培养领军人物的重要性。

一块业务呈现颓势，或一块新业务机会就在面前，但是由于缺少“领军人物”，很多公司束手无策。这是什么原因？传统的人才成长模式是按部就班，个人在自己的舒适圈内缓慢成长。大部分公司在培养人才时缺乏系统规划，导致人才都在一个职能领域一条线成长起来，“专才”有余，“帅才”不足。

在实践锻炼的手段中，有一种思路是“相马机制”，即针对那些有潜力的好苗子，设计显著扩大职责范围、工作复杂度轮岗机会，不断挑战他们的舒适圈。真正的高潜人才会将压力和焦虑转化为前进的动力，从而加速成长。

华为干部“之”字形成长、三星的“地域专家”（Regional Specialist Program）都是采取轮岗模式，对于培养有全局视野的领军人物和国际化人才效果卓著。

华为：干部“之”字形成长

华为长期坚持干部“之”字形成长。

“之”字从象形上看，是折线式的。一个员工如果在研发、财经、人力资源等部门做过管理，又在市场一线、代表处做过项目，有着较为丰富的工作经历，那么他在遇到问题时，就会更多从全局考量，能端到端、全流程地考虑问题。而如果他一直在某个体系里直线成长起来，那思维难免会有局限性，遇到问题也很容易出现本位倾向，很可能会片面考虑问题。如果一个员工既有机关经验，又有海外一线经验，就有助于促成相互合作的作战群。如果各自不流动，就会出现机关和现场脱节，形成阶级，导致分裂。

因此，任正非一直强调干部和人才的流动，要求华为片联（片区联席会议的简称，是华为地区部和代表处的总枢纽）不拘一格地从有成功实践经验的人中选拔优秀专家及干部；推动优秀的、有视野的、意志坚强的、品格好的干部走向“之”字形成长的道路，培养充足的将帅团队。

三星：进军全球，“地域专家”先行

三星电子总裁李健熙亲自提出“地域专家”创意，指导了三星电子独有的全球化业务拓展的人才培养计划。三星把一批最有潜质但没有海外经验的年轻韩国职员派到遥远的海

外待足一年，学习和熟悉当地的语言、文化及风土人情，建立人际网络，为三星未来进军这些市场铺好道路。

从20世纪90年代至今，已经有5 000人经过了海外地区专家修炼过程。在实践中，“地域专家”起到三方面的重要作用。

一是“沉透式”（Total Immersion）学习。使“地域专家”在一年中完全与当地社会和文化融为一体，形成国际化的经营理念，提高对异国文化的适应能力。

二是推动当地业务发展。很多“地域专家”被重新派遣到故地，担任驻当地办事处的高层职务，为三星在当地的发展发挥了巨大的推动作用，如三星印尼经销分公司靠“地域专家”的人脉，第二年即销售额翻倍。

三是挖掘海外高端人才。“地域专家”由于在当地会与政要、商贾建立紧密联系，也有助于他们替三星发现海外优秀人才，如泰国日立分公司副总裁就是通过这种方式被挖到三星。

实践锻炼——让“小老板”脱颖而出的赛马机制

在实践锻炼手段中，还有一种是“赛马机制”，即我不提前确定人选，而是设计一种竞赛的机制，让大家有机会竞争上岗，管理一个小团队或业务单元。如果管得好，就将得到更多授权，管理更大更多的业务，如果管得不好，就被淘汰。

“市场化网络组织”将需要非常多的业务小团队的负责人。由于小团队的规模有限，失败了对公司的损失也不是很大，所以用“赛马”机制加速成长是一个可行的方案——通过业务试错和快速反馈，让这些“小老板”们在业务实践中懂得什么判断是正确的、什么是错误的，从而得到快速成长。

赛马：海尔小微的“官兵互选”①

海尔的小微企业是一个锻炼小老板的地方，领导位置让能者居之，而不是靠工龄或者官位高低。

“官兵互选”是海尔推行“倒三角”组织模式四大驱动力之一。“官兵互选”意味着，小微主不是由上级来任命，而是采取“官兵互选”来筛选和优化。任何人都可以拿出实施方案，公开竞聘小微主。小微主被选出后，可以组建自己

① 曹仰峰，《海尔“倒三角”运转的四大机制》，载《商业评论》，2013年7月刊。

的团队。如果小微主没有实现预期目标，员工有权让小微主“下课”。

长期信奉“赛马不相马”的海尔通过“官兵互选”机制为有意愿、有潜力的人才提供了挑战自己的舞台。

实践锻炼——内部流动，激发技术牛人活力

现实中，高科技公司都面对这样一个问题：工程师在一个组里待久了可能会失去激情，如何在公司内部帮助优秀的工程师持续成长，更快成长为“技术大牛”？

对于自我要求很高的牛人而言，失去了挑战，工作就只是一份工作，缺乏激情，少了成长的空间，久而久之，甚至会考虑离开公司。而对于整个公司而言，进行内部人才流动有利于重新激发牛人的活力，而且不同业务背景的牛人可能在新组中带来全新的思路，产生出意想不到的火花，说不定能带来颠覆性的产品。

谷歌的内部人才流动计划

在谷歌，员工在一个岗位工作18个月后，可以在公司内部寻找自己有兴趣的项目参加，假如新项目负责人接受的

话，现有项目负责人必须在一定时间内放人。这样，员工可以接触更多不同项目或者更加前沿性的项目，扩展自己视野和专业能力。

脸书的“黑客一个月”①

脸书也有一个类似鼓励内部人才流动的计划，即“黑客一个月”（Hack A Month）计划。为了计划能行之有效，脸书设立了一些规则：

（1）必须在当前岗位待了一年以上，脸书不希望任何员工在某个岗位上浅尝辄止；

（2）必须证明他是一名优秀的工程师；

（3）研发经理应该积极去发现可以参加“黑客一个月”计划的工程师，某位工程师在一个组待了一年或者更久的时间，经理会在一对一碰头会上讨论目前正在进行的项目对他的吸引力及学习空间；

（4）如果是员工自己提出的，研发经理要积极配合；

（5）在这一个月中，员工可以坐到目标组的区域中工

---

① 王淮、祝文让编著，《打造Facebook——亲历Facebook爆发的5年》，印刷工业出版社2013年版。

作，让他对目标组的整个运作有切身体会；

（6）员工要和目标组讨论出一个可以在一个月内完成的项目，但在“黑客一个月”末期要有成果拿出来，以帮助组员和对方组互相判断这一个月的实际效果；

（7）如果员工决定转组，目标组也欢迎，那就成了；

（8）如果转组不成功，员工就回归原组，继续原先的岗位，在将来适当的时候根据兴趣决定要不要再进行一次“黑客一个月”。通常两次要间隔超过半年以上。

本章小结

移动互联时代，团队的学习能力一定要强。“内建”（Build）的思路要“常规成长”转为“加速成长”

加速成长杠杆 1：“找对人才”，需要通过人才盘点，识别“高潜”，重点投资

加速成长杠杆 2：“用对方法”，需要结合场景，运用培训课程和实践锻炼等手段：

- 培训课程：更加适合新人培训、管理技能提升
- 实践锻炼：更加适合提升业务决策能力（领军人物）和专业能力（技术大牛）

第九章

从“雇用关系”到“联盟关系”

——打赢留才（Bind）保卫战

人才难得而易失，人主不可不知之。

——梁佩兰

2016 年 1 月，瑞士足球研究组织足球天文台（CIES）公布了最新的球员价值排行榜。根据这份榜单，巴萨队（巴塞罗那足球俱乐部的简称）头号球星梅西以 2.5 亿欧元的身价排名榜首，而我们的国足亚洲杯的总身价是 1 140 万欧元，这意味着梅西一个人可以买 22 个国足队！[①]

移动互联时代，对明星人才的抢夺导致他们的市场价值

① 西甲，《球员身价榜：梅西 2.5 亿居首 C 罗不及一半仅第 4》，腾讯体育，2016 年 1 月 5 日。

将显著高于一般员工。人才难得易失，这是企业要面对的现实挑战。

前面两章，我们探讨了“输血”（外购）与“造血”（内建）机制，这一章我们要讨论用哪些方法打赢人才保卫战，避免企业“失血”。

多管齐下的留才组合拳

移动互联时代，“精兵强将决定企业前途”。企业一方面要获取顶尖优秀人才，建立“造血”机制，另一方面又要加强对人才的保护，让企业不要“失血”！

在我们的研究中，如下 4 个因素让员工决定是否离开公司：

目前工作满意度：在当前的岗位上我每天感受如何？是否满意？能否激励我在工作上全力以赴？

未来发展空间：我所在的公司和从事的行业发展前景如何？值不值得继续在这里多干几年？

离开公司的代价：如果我离开，需要付出什么代价？

新的薪酬待遇：对方公司提供的薪酬待遇是否足够吸引我？

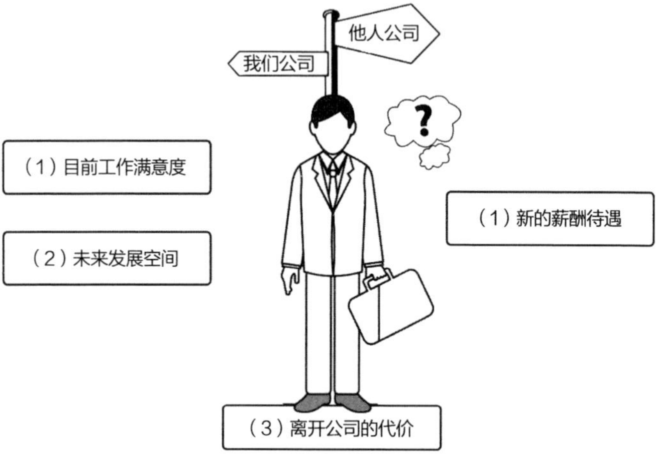

图 9–1　员工是否离职的 4 个因素

这 4 个因素中，第四个因素不是企业能直接控制的，因此公司留才的关键在于前面 3 个因素。

目前工作满意度

通常，有两类因素影响员工对现在工作的满意度：基本因素和激励因素。

基本因素包括工作地点和环境、班车、食堂等。如果公司处理不好基本因素，员工会非常不满，但处理好了员工又觉得理所当然。

对优秀人才来说，更关注的是激励因素，即能激励他们在工作上做得更多更好的因素，包括成就感、上司的信任和授权、上司的认可和关心、薪酬待遇是否与绩效清楚公平挂钩、工作的挑战性、良好的工作氛围、公平竞争的晋升机会等。尤其要提的是，直接上司对员工的影响很大，很多研究表明，员工离开公司的主要原因之一就在于直接上司。

公司可以针对本行业和企业的特点，从员工最关心的基本因素和激励因素出发，设计员工调查，定期通过问卷和焦点小组访谈了解员工不满的主要问题所在，根据调查和访谈结果制订改善计划，务求改善员工每天的工作环境。

未来发展空间

优秀人才一般不会待在一家不能成长的企业。比如，他们会考虑这家公司是否值得他再留下来工作3~5年？会思考这家公司发展势头，是蒸蒸日上还是快速下滑？因为这也会影响到他个人发展空间。

对于个人的发展方面，一般最关心三个问题：

（1）我能升到多高？是否有玻璃天花板？

（2）如果能升职，要等多久，3年还是5年？

（3）如果有升职，机会多大？企业人才流失往往是当员工觉得企业内晋升空间有限或者晋升速度慢下来，要进一步晋升难度越来越大，这个时候他们最容易考虑跳槽。

领导者需要十分关注和员工的沟通，让员工对公司未来发展前景充满信心，还需要梳理员工的职业发展通道，务求让员工觉得公平和透明，靠绩效和能力可以不断往上发展。

另外，也可以像谷歌和脸书那样建立鼓励内部人才流动的机制，让优秀人才可以在公司内寻找更好的项目或职位，而不需要往外发展。

离开公司的代价

企业留才，常用的工具有：

期权：授予员工用事先规定的价格在未来购买公司的股票权利。假设员工的购买价是5元，如果3年后公司的股价变成了50元，那员工就可以用5元购买价值50元的股票。通常期权会要求员工分几年行使，如果员工相信公司的成长性，就会起到非常好的保留效果。

限制性股票：授予员工公司股票，但是需要满足服务年限条件，才能出售股票并从中获益。

递延奖金：将员工奖金分几年发放。

与年资相关的福利：例如企业提供的补充养老金，可以规定最低服务年限，才能在跳槽时带走。

保留奖金：通常规定服务满的年限，再一次性支付一笔奖金。

房屋低息贷款或者补贴销售：例如，公司买下房子低价售给员工，但前提条件是工作满一定年数，如果员工想要提前离开，公司会把员工供款部分还给他们，房子产权仍属于公司，或者员工可以用市场价认购，因为房子可以升值，如果员工提前离开公司，就会有一定损失。

这些工具和服务年限挂钩的目的都是增加员工离开公司的代价，让员工考虑离开公司时候三思而行，起到“金手铐”的作用。

移动互联时代，由于顶尖人才与一般人才的身价差异巨大，公司为了保留他们，也需要在薪酬待遇方面真正做到以绩效为导向，不拘泥于内部政策，正如硅谷企业所倡导的球队文化，按外部市场价值来激励优秀人才，而不是像过去的家庭式文化一样，强调和谐与内部平衡。

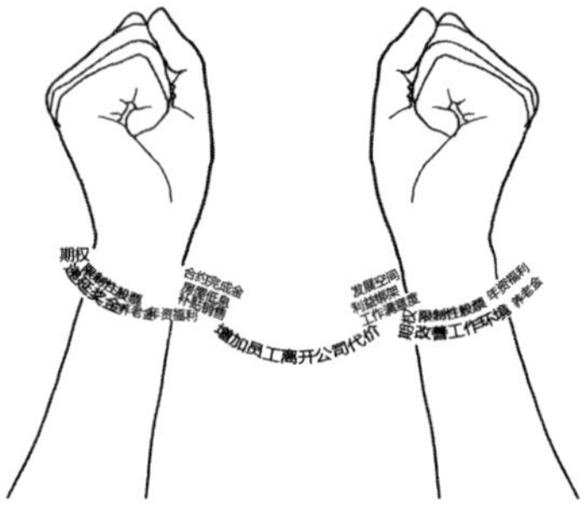

图 9–2 金手铐

谷歌如何保留优秀人才

1. 提高员工离开公司的代价：丰厚的股权激励。

2. 改善未来发展空间：透明的职业发展通道、内部人才流动机制。

3. 提升工作满意度：强调使命感；高管每周与员工面对面沟通，让员工更好连接自己工作与公司整体发展方向；通过问卷调查不断聆听员工声音；舒适轻松工作环境；与最聪明同事一起从事酷又重要的工作。

明星人才保留：从雇用关系到联盟关系

前文提到的这些手段能够帮助企业给跳槽者建立时间

和空间壁垒。但是，面对颠覆创新的机会增多，政府鼓励创业、创新的“双创”政策，企业仅依靠市场化薪酬、愉悦的工作环境、发展空间可能还不足以留住明星人才，他们突破这个壁垒比其他人才容易得多，自己创业、到另外一家公司连升三级，这些情况比比皆是。相对而言，他们的谈判力更强，更不容易满足现状，那么，如何可以留下他们呢？

发展联盟

领英联合创始人里德·霍夫曼在《联盟》一书中提出了“球队理论”，即雇主和员工的关系就应该像现在俱乐部与球员的关系一样，球员以任期的形式效力于球队，在任期中球队帮助球员成长，球员帮助球队胜利，而球队的胜利也将让球员的身价倍增，形成一个有明确目标、期限的良性合作关系。

这为保留明星人才提出了新的思路——如果企业和明星人才无法形成独占关系，那就建立一种联盟和合作的关系——彼此相互支撑，让对方存在得更好。这种以“发展”为目的的联盟通过寻找公司发展和员工个人发展之间的契合点，更适合那些在职业生涯早期就显示高潜力和有明确目标的员工。

企业要坦诚面对明星员工会离开的事实，因此可以在一开始就从他们的职业目标入手，理解在公司内部希望获得的经验和能力，帮助他们规划在公司内部的“任期”。任期结束员工可以选择规划下一个任期，或者离开公司，离开后仍是公司网络的一员，作为合作伙伴为公司提供支持，当然也可以选择回到公司。

这种模式和第八章谈到的高潜人才发展举措有相似之处，但思路和视野更加开放，体现在：坦诚对待员工可能离开的事实；高度关注员工的职业目标，双方规划的发展机会不仅限于公司内部；通过提前规划，让离职员工成为“盟友”。

当你坦然面对明星员工可能离开的事实时，你会发现明星员工很可能最后选择留在公司。正如梅西从 13 岁加入巴萨队，从毛头小子成长为世界第一巨星，在巴萨这个平台上，他创造了无数个足坛历史纪录，没有理由放弃这些，为了钱离开。28 岁的他甚至表示“希望在巴萨队退役”。

商业联盟

当你的明星员工终于做出创业或为自己工作的决定时，

你还可以通过投资和合作的方式，和明星员工保持紧密的商业合作。

例如谷歌董事长埃里克·施密特就提到，如果明星员工提出离职倾向，首先要尽力在内部寻找可以满足其目标的机会（例如让技术明星参与管理会议，以满足其提升商业和管理能力的期望），如果员工依然希望创业，下一步就应该帮助其审视商业计划——如果不成熟，劝其在公司再待一段时间思考清楚，如果成熟，则谷歌提供风险投资机会与其保持长期关系。[①]

另外一个常见的例子，是影视游戏行业的工作室模式，当制作人、导演、明星、编剧名气变大后，往往有单干的想法，公司就会支持他们在公司内部成立工作室，抽调一个小团队专门支持他们的作品或演艺事业的发展，并和公司进行效益分成；如果他们希望另立门户，原公司还会投资他们自己成立的工作室，保持商业合作。

---

① Eric Schmidt and Jonathan Rosenberg, How Google Works, *John Murray*, 2015.

本章小结

多管齐下的留才组合拳包括：

- 提升工作满意度
- 打开未来发展空间
- 增加离开的代价

对于明星人才来说，留才观念需要从“雇用关系”变为“联盟关系”，这种联盟关系包括：

- 发展联盟：寻找公司和个人发展的契合点，适合于职业生涯早期就显示高潜力和有明确目标的明星员工
- 商业联盟：通过商业投资或合作保持联盟关系，适合于希望独立创业的明星员工

第十章

“使用”而不“拥有”

——共享经济下的借才（Borrow）新思路

假舆马者，非利足也，而致千里；假舟楫者，非能水也，而绝江河。君子性非异也，善假于物也。

——荀子《劝学》

《三国演义》中有这样一个故事：周瑜让诸葛亮用10天造10万枝箭，诸葛亮痛快地答应了，说："我3天之内就送10万枝箭过来。"周瑜觉得不可思议。

原来诸葛亮算出长江会起大雾，他带着20条堆满干草的快船，靠近曹操的水寨，让士兵擂鼓呐喊。曹操担心埋伏，让士兵拼命射箭，结果没多久，诸葛亮就用草船借到了十二三万枝箭。

“草船借箭”的典故给企业的启发是，跳出什么都要自己做的思维定式，巧妙地借力，可以快速完成看似不可能完成的任务。社会中其实星星点点地分布着各种智力、时间、技术并未充分发挥效用，移动互联技术为我们巧妙聚集和低成本使用这些资源提供了便利条件。

“使用”而不“拥有”，延展可用人才池

工业时代，企业主要依靠流程化的生产方式聚集劳动力，企业的生产力与员工人数紧密相关。比如，富士康有百万级员工，沃尔玛在全球有220万名雇员，甚至高科技公司IBM的雇员数也达到了46万。虽然企业也会聘用兼职员工、外包员工、退休员工或兼职顾问，但人力资源模式基本表现为“企业拥有式”。

移动互联时代，企业可以借助网络平台让社会中有闲暇时间、富余资源、智能特长及兴趣爱好的人员快速聚合，展开行动，“为我所用”。因此，我们看到全球最大的出租车公司优步不雇用出租车司机；突破宝洁科研难题的很可能不是宝洁正式的员工；阿迪达斯的跑鞋可能来源于粉丝的设

计……企业可以不用按工业化生产的常识增加雇员人数、不用固定的办公室、不用规定工作内容的合同，而借助于新的经济模式，将可用人才池从“全职雇员”延展到“全世界的人才”。

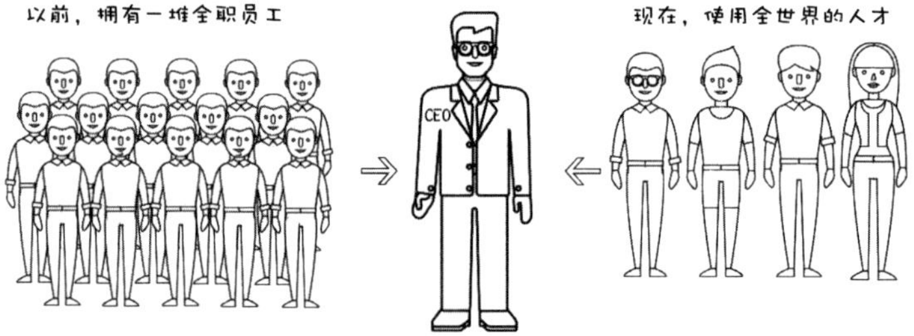

图 10–1　从“拥有”关系到“使用”关系

在过去几年，以下几种经济模式在改变人们的生活方式的同时，也更新了人们的工作方式。

共享经济/众包模式：如优步、滴滴出行、58 到家、e袋洗等，借助社会闲置资源和劳动力帮助企业快速完成业务布局；又如宝洁、美国国家航空和宇宙航行局（NASA），借助外部专家解决研发难题。

粉丝经济：如小米借用粉丝帮助米柚更新迭代。

共享经济和众包——用好社会闲置资源

共享经济这个术语早在1978年就由美国得克萨斯州立大学社会学教授马科斯·费尔逊和伊利诺伊大学社会学教授琼·斯潘思提出，但是真正形成气候是最近几年。共享经济通过互联网技术，将分散的社会资源关联、聚集起来进行共享，提升使用效率。用空中食宿首席执行官布莱恩·切斯基的话来说就是“使用而不拥有”。

而“众包”这个概念最早是美国《连线》杂志的记者杰夫·豪在2006年提出的。他对“众包”的定义是：一个公司或机构把过去由员工执行的工作任务以自由自愿的形式外包给非特定的（而且通常是大型的）大众网络的做法。

简单来讲，共享经济更多指实物资源的共享，但也可能包括人力资源的共享。这种共享通过提升闲置物品和人力的使用效率，来提升物品所有者的收入。例如空中食宿共享的是房子；优步、滴滴共享的是车子以及车主的时间。

而众包更加偏重于人力资源的共享，通过接包者共享自己闲暇的时间，来提高他们的收入，例如京东的“众包物流”或e袋洗的“小e管家”。在实际运作中，因为实物资源和人力资源的共享很难严格区分，因此在本章我们将混合使用。

正如草船借箭的典故——诸葛亮不可能靠自己的力量在 10 天造 10 万枝箭，但是可以借助外力完成这个不可能完成的任务。共享经济和众包为企业人才借力（Borrow）提供了全新思路，可以帮助企业以较低的成本，快速完成业务布局，并攻破技术难题。

用好闲置人力，快速布局

共享经济/众包带给企业的第一大利好，就是可以在不需要显著增加雇员的情况下，快速完成业务布局。例如京东利用“众包物流”一年完成渠道下沉，e袋洗则通过百万“小e管家”让小区邻里为邻里服务，也提升了小区特约洗衣店的使用效率；而云集微店则提供一个零售平台，解放百万个体的商业力量。

京东：“众包物流”一年实现渠道下沉

京东只用 1 年多的时间，就将渠道下沉到全国 17 万个村庄，但并没有像沃尔玛那样招聘上百万员工，这在过往是不可想象的。

京东的秘诀就是众包——到2015年底，京东商城员工人数为11万人，而京东的“众包物流”有50万名兼职员工，加上京东商城在中国17万个村庄的村民代理，京东已经有超过70万名兼职的员工，预计2016年兼职人员会超过100万人。

以京东为代表的“众包物流”实践证明，在正式雇员没有显著变化的情况下，企业也可以快速完成业务布局。

e袋洗：百万“小e管家”为邻里提供服务

e袋洗创始人张荣耀做了20多年传统洗衣服务，他了解顾客每次把衣服拿到洗衣店，过几天又到洗衣店取衣服的不便，为了给顾客节省交通费和时间，他想到了借助移动互联技术变革服务方式的新思路。

如果小区里有人想洗衣服，可以通过手机下单，住在同一小区的业主（一般是40岁到60岁退休人士或家庭主妇）会上门取衣服，交给小区特约洗衣店清洗，洗完后再送回消费者家中。

根据张荣耀的计划，到2016年底，公司将继续扩大邻里服务，有百万个“小e管家”为邻里提供服务，例如做饭、养老、养鱼、养花或接送小孩等。当然，这百万“小e管家”都不是他的员工。

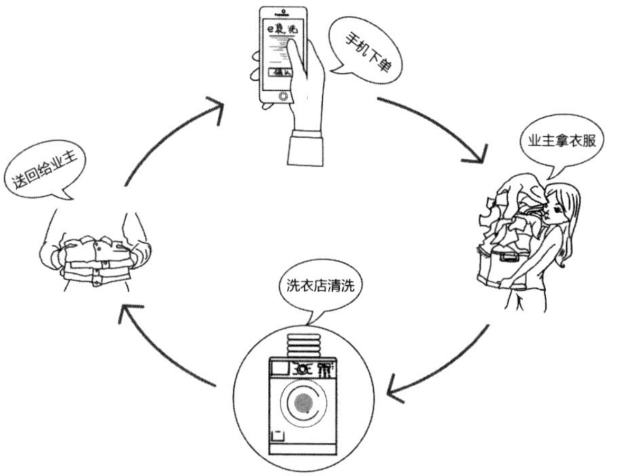

图 10–2　e袋洗

云集微店：解放百万个体的商业力量①

背景

云集微店由浙江集商网络科技有限公司运营，通过一款在手机端开店的App，为店主提供美妆、母婴、健康食品等

① 杨国安教授对话云集微店CEO肖尚略，《杨视角 | 云集微店，云集“有爱、有火、有光”的牛币控！》，杨三角微信，2016年。

上万种正品货源，并有海量商品文案、手把手培训、一键代发、专属客服等特色服务。

云集微店的定位是“社会化零售平台”，主要的服务对象是社交网络中有影响力的自媒体达人、传统线下零售的导购员、淘宝个人店主、85后/90后的宝妈们等，帮助他们利用大量的闲置时间创造商业机会，并从商品销售收入和社会化媒体收入中赚取利润。

云集微店CEO肖尚略说，“大部分移动互联网的创业模式都围绕着‘个体商业力量的解放’，例如我们熟悉的优步、空中食宿、58同城等，这些都是和我们类似的商业模式。”

通过社会化零售平台解放百万个体的商业力量

云集微店高速成长离不开创新的用人模式，包括三部分。

前端零售——百万零售个体：2015年5月上线，云集微店当月招募了3 000名店主，销售额达150万元；7月有将近30 000名店主，将近1 000万元的销售额；预计2016年底店主数将达百万级，如果1位店主可以影响200人的话，就会覆盖2亿目标用户，不仅大量的消费者从传统的线下零售商转移，可能连最优秀的从业者都会迁徙。

后端平台2 000个正式员工：到2016年8月，预计云集微店的正式雇员将达到2 000人，他们的工作是为店主打造高效的后端平台。类似餐饮行业的“中央厨房”，云集微店有六大服务成了社会化零售的后端平台，其正式雇员负责将后端高效、集约化，这样前端零售就很轻松省心、门槛也很低。这六大服务包括：

（1）10亿库存云端供给个人店主无须获得商品所有权，就可销售商品；

（2）中央仓储物流节省个人店主的物流成本；

（3）手机端App简单易操作的开店工具（含客户关系管理系统）；

（4）售前/售后服务支持；

（5）中央文案海量商品图片和文案；

（6）中央培训专业导师手把手扶持。

任务外包加速创新：此外，云集微店还采取了“外包”模式，肖尚略谈道：“移动互联网发展非常快速，很多新产品上市后，可能两年时间就会迭代一个行业，其实我们面对的也是这样的机遇和挑战，所以不可能在获得非常多的资源后，才开始做市场拓展。我们整个产品的设计和核心技术在自己手中，但同时采用任务外包方式进行大部分的创新。例如：开发创新的任务外包给比我们小的创业团队，利用腾讯云、阿里云等云端做服务器支持，请外部人员操作地推、招募线下店主。”

集结“最强大脑”，攻克难题

江苏卫视推出的科学类真人秀电视节目《最强大脑》，引发了人们对散落民间的科学天才拥有的难以置信的才华的热议。而共享经济/众包给企业的另一大利好，就是集聚民间“最强大脑”，利用他们的闲暇时间，攻克创意或技术难题。

对企业来说，发展到某一阶段，都会遇到自有的研发或创意部门组织臃肿、耗资巨大、创新乏力的问题。以宝洁的一次内部调查为例，公司投入15亿美元研发资金，研制出约2.7万项专利，但仅有10%用在了宝洁的产品上，这种投入产出效率亟待提升。通过引入外脑和众包模式，宝洁的研发能力提高了近60%，创新成功率提高了2倍多，而创新成本却下降了20%。[①]下面这个案例提到的“创新中心”

① 韩洋，《宝洁：从内部研发到外部联盟》，载《商界评论》，2013年11月。

（InnoCentive）就是宝洁众包的渠道之一。

“创新中心”研发众包模式[①]

57岁的埃德·梅尔卡雷克是一名物理学家，但是他却经常在一个小房间里倒腾一些化学瓶罐。他并非受雇于任何一家化学用品公司，而更像一名自由职业者。他所做的研发工作，完全是出于自己的兴趣以及体现个人价值的需要。在每周有空的那一天，他会走进这所房间，开始向科研难题发起进攻，这些难题来自《财富》500强中的许多公司，曾一度困扰了他们的研发人员。

在一个名为“创新中心”的网站上，聚集了9万多名像埃德·梅尔卡雷克一样的科研人才，他们共同的名字是“解决者”（Solver），形成了这个研发供求网络用户的“半边天”。与此对应的是“寻求者”（Seeker），成员包括波音、杜邦和宝洁等世界著名的跨国公司，它们把各自最头疼的研发难题抛到“创新中心”上，等待隐藏在网络背后的高手来破解。

---

① 许凤婷，《众包革命——颠覆外包的草根力量》，载《数字商业时代》，2006年第7期。

“创新中心”最早是由医药制造商礼来公司资助，创立于2001年，已成为化学和生物领域的重要研发供求网络平台。公司成员（寻求者），除了需要向“创新中心”交付一定的会费，为每个解决方案支付的费用仅为1万至10万美元。“创新中心”上的难题破解率为30%，“创新中心”的首席科技官吉尔·帕内塔认为，在网上广招贤士的做法“和传统的雇用研发人员的做法相比，效率要高出30%”。

埃德·梅尔卡雷克原来所学的专业是微粒加速器，由于经济上的压力，他不得不放弃深造的机会成为一名工程师，每天从事设计加热孔、工业喷漆机器人等工作，“朝九晚五的日子让我感觉很不好”，他感到自己的科学知识和探索的欲望完全没有得到充分的发挥。在“创新中心”，他终于找到了自己的舞台，他的得意之作之一，是为著名的日用品公司高露洁-棕榄公司提供了一个方案，用电子物理的方法解决了牙膏封装的难题。

“这个办法极其简单，”埃德·梅尔卡雷克说，为什么高露洁没有想到呢？“他们的研发人员可能都是和试管打交道的化学家，缺乏物理专业知识。”埃德·梅尔卡雷克没花什么力气就赢得了2.5万美元，同样的课题，如果由高露洁公司自己的研发人员来解决的话，花费可能将是这个数字的几倍——前提是如果他们能解决的话。

对那些苦苦寻求答案的公司来说，这同样是非常不错的交易，尤其是当它们面对日益高昂的研发费用的时候。

“我认识的每一个R&D（研发）高管都面临着类似的问题”，宝洁公司副总裁拉里 · 休斯顿说，“每年，研发的预算增长都超出了销售的增长率。‘创新中心’打破了目前的研发模式。”

拉里 · 休斯顿发现公司很多成功的产品都是不同部门合作的结果，由此他想到，如果这样的“交叉授粉”范围扩大，将会催生更好的产品。同时，宝洁也树立了一个目标，把公司外部的创新比例从原来的15%提高到50%。

“我们对公司组织的定义有了很大的改变，”拉里 · 休斯顿说道，“我们目前有9 000多名研发员工，而外围网络的研发人员达到150万人，二者的界限很难界定。”

粉丝经济——让爱你产品的人为你出谋划策

“粉丝”（Fans），指的是某人或某产品的热心追随者或支持者，是一种特殊的社会群体，它具备社会群体的一般特征：

（1）有明确的成员关系；

（2）有持续的相互交往；

（3）有一致的群体意识和规范；

（4）有一定的分工协作；

（5）有一致行动的能力。

粉丝因为热爱一个人或一个产品，往往愿意出钱出力支持其持续成功，以粉丝的热情为基础条件构建企业的运营模式，就是粉丝经济的特点。

在过往，企业对粉丝的关注更多在营销和销售方面，忽视了粉丝可能带来的智慧贡献。粉丝非常了解企业的产品/服务，加上有足够的热情，如果能够让他们献计献策，企业的可用人才池又将得到进一步的拓展。

让粉丝为公司的产品/服务出谋划策，不仅是一个营销手段，也是一种借才手段。

在这方面的典型案例就是小米。

小米：“100个梦想赞助商”

在2015年的世界互联网大会上，雷军提到粉丝对小米的影响和帮助。

在没做手机之前，小米第一款产品是MIUI（米柚），是在安卓基础上深度优化的系统。第一版正式发布前产品还很粗糙，刷机还有很多问题，不小心还可能把手机刷成砖。我们这样一个小公司做了米柚这么一个小产品，在论坛发布之后，100 个人申请加入测试，根据他们的意见，我们开始每周发布一个新版，到现在已经坚持了 271 周。在用户们的帮助和呵护下，我们一步一步开始长大。

3 年后的 2013 年，我们拍了一步微电影《100 个梦想的

图 10–3 《100 个梦想的赞助商》公映

赞助商》纪念这段最初的感动，在米粉节上播放时，所有人都是热泪盈眶。自此之后，粉丝的反馈便成为小米不断优化和改进的力量，用户驱动和“为发烧而生”也成为小米公司的文化。

本章小结

随着共享经济、众包和粉丝经济的成熟，企业借才（Borrow）的思路要从“拥有”转为“使用”，将可用人才池拓展到整个世界

共享经济/众包有助于企业在不增加雇员的前提下，快速完成业务布局，攻克创新难题

让粉丝为公司的产品/服务出谋划策，不仅是一种营销手段，也是一种借才手段

第十一章

“左脑”理性决策，“右脑”温和处理

——淘汰（Bounce）之后是春天

感情压倒理智，这就是人间产生罪恶的原因。

——欧里庇得斯

在硅谷调研中，让我们印象深刻的“谨慎招聘”这句话后面还紧跟着“快速淘汰”（Fire Fast），前者的意思是招人不能为了速度牺牲质量，后者的意思是如果发现公司有不合适的人，最好的处理方式就是马上淘汰（解雇或者换岗）。这是因为时间就是最大的成本，越拖越对整个公司和团队有害，淘汰经不起漫长的等待。

对于“谨慎招聘，快速淘汰”，奈飞公司CEO里德·哈斯廷斯的看法是，这会不断增强公司的“人才密度”。随着公司规模扩大，业务复杂度也会提升。他认为应对复杂度带来的混乱不应该靠增加管控和流程，而应该靠“人才密度”，即招到市场上最好的人才，然后大量地淘汰，来保证每个岗位都是明星员工。

对被淘汰者而言，可能是一件让人极其受挫、伤心的事，但是当他冷静下来，可能会发现这是一个发现更加适合自己的工作机会，对职业生涯做出合理规划，依然有一个明媚的未来，因为寒冬之后就是春天。

科学家发现人的左脑和右脑有不同的分工，左脑负责“理性思考”，右脑负责“感性思考”。很多企业家都会犯的错误是，在开除不合格员工之前等太久，因为解雇员工将对对方带来实实在在的负面影响，从感情上接受不了——是的，一定程度上解雇员

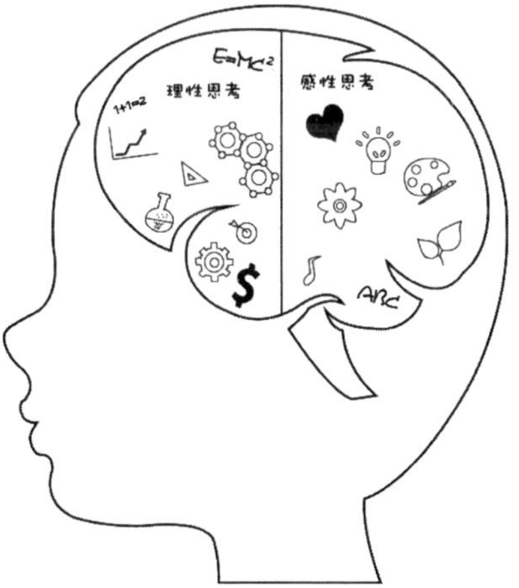

图 11–1 “右脑决策”转向“左脑决策”

工是常常伴着泪花进行的。因为有太多感情包袱，使许多领导者都习惯“右脑”决策。然而，到了移动互联时代，领导者需要从公司发展角度出发，将这一决策交给“左脑”。

所以，淘汰决定需要“左脑”理性的决策，而执行则需要“右脑”感性的温暖。

为什么淘汰要快

我们发现，那些最终胜出的公司一定会持续完成核心人才的更新换代。例如，华为从创业到现在，更迭了11批干部，因为他们信奉“火车头的速度决定了整个人才队伍的成长速度”。房多多创业4年，已经经历了一次合伙人的更迭，谈到这次更迭，创始人段毅说：“房多多一开始就有15个合伙人，我们已经找了9个人替换原来的合伙人。这非常挑战人性，但是我们有老红军契约——在创业时大家达成了共识，坚信不会每个人走到最后，包括我自己。我要负责帮助公司找到牛人消除短板。”[①]

① 房多多CEO段毅在“杨三角学习联盟”的嘉宾对话，2015年11月。

淘汰不合适的人员，是企业优化资源配置、提高产出的正常举措，是私利服从公利的人事行为。

到了移动互联时代，淘汰的速度要快。很多人只会看到不合适人员的显性成本，即他们的薪酬成本，但是还有巨大的隐性成本。

业务成本

移动互联时代，企业成功和衰落的速度都是直线式的，要么快速登顶，要么悬崖式坠落。企业晚了半年或一年，有可能就再也追不上了。在O2O行业，甚至晚了3个月有可能一个品类就没有机会了。因此，如果让不合适的人（如果他们身处关键岗位就更糟糕）待上3个月、6个月甚至1年，而你的竞争对手却在高效运作，业务的机会成本巨大。

文化成本

另外一大隐性成本是文化成本。这个主管明明已经不胜任了，但还是让他待在这个位置，其实对其他员工传达了一个负面信息——在这个公司，业绩做不好是可以被接受的。大家可能会觉得反正我努力不努力、做得好做得不好都这样。

新来的员工会对组织文化感到困惑；优秀的员工还可能想着“我还是早点离开这个没前途的地方好了”，所以文化成本也是巨大的。

克服私人感情的障碍

对本该淘汰的人一再拖延处理，主要原因是无法放下私人感情，“右脑”主导决策。

领导者可能没有理性分析延迟淘汰带来的隐性成本，觉得决策再拖一下影响不大，也可能会认为因为自己招聘看走了眼，把对方招来，或者认为这个人没做好，可能是自己的原因——这些理由让领导者内心倾向于延迟决策。

尤其是部分早期员工，公司创业的时候立下汗马功劳，公司高层很容易觉得这些人没有功劳也有苦劳。但是一家公司迈过 1 亿元、10 亿元、100 亿元和 1 000 亿元门槛，需要的人才能力是完全不同的，如果学习能力跟不上，总有部分早期创业的老臣要掉队。

有领导者会说，这个人不合适，我也想把他换掉，但是换掉之后没有比他更好的。对于关键岗位，公司要“防患于未然”，及时做好人才盘点，盘点之后你要知道手里有多少牌。如果缺少“好牌”，要不内部加快培养，要不外部引进，要不别的部门轮岗。假如处理不好，企业倒过来给这些人挟持也是有可能的，因为你没有别人了。

硅谷知名投资人马克·安德森提醒过：“首先，要明白，虽然开掉一个人会很不爽，但是在之后你真的会感觉好很多。然后要明白，你团队里出色的人会很拥护你这么做——他们知道那个人不行，他们想和好的人一起工作，所以他们对于你终于做出了正确的决定而感到开心。最终，要知道你帮了被开除者一个忙——你帮助他们在一个自己无法胜任和成功的职位上解脱了，然后你给了他们一个机会去一个更适合的地方，在那里也许他们会是个明星。我们行业很好的一点就是，总有很多工作岗位被创造出来，所以他们不是离开你就没饭吃了。不要担心，你在他们的生活里没那么重要。”

当人认识到淘汰并不等于作恶时，做决断就可以干脆一点了。打个比方，就像医生做手术，手起刀落那几下带给病人切肤之痛，但终究还是为了解除病痛，于人有益。

“左脑”理性决策，“右脑”温和处理

在淘汰不合适员工时，我们认为决策要果断，但是处理方式要体现对人的尊重。

基于事实，坦诚沟通

在明确了公正、透明的淘汰规则后，对于不合适的员工，管理者需要基于事实，坦诚地反馈和辅导，而不是突然地告知“你不行”。

杰克·韦尔奇曾经说过：“缺乏坦诚是商业生活中最卑劣的秘密。”不少管理者对一个人不满意，但是为避免让别人不舒服，不愿意直截了当地指出问题，把自己的反馈保留起来，隐瞒了真实信息。但是事实上，不满意积攒到某一天，你突然告诉员工你不行，是更不负责任的表现，员工也错过了改进和提升自己的机会。基于事实的坦诚反馈，是对员工的帮助，也给他们多提供了一次机会。

多种情况，多种办法

如果经过了反馈和辅导，员工还是没有改进，针对不同

情况需有不同的解决途径。

内部轮岗

对于有能力但缺乏激情的干部或员工，可以考虑轮岗，因为在一个岗位待得过久，无法有创新的想法和思路，学习成长的机会也不多，找到一个他有兴趣的岗位也有机会让他点燃新的激情。

转换通道

如果一个主管的专业能力不错，但是不能够胜任管理角色，首先要考虑能不能让他先走专业通道，不要再扮演管理角色。华为定期考核中层干部的业绩和能力，采取能上能下机制，确保中层干部的危机感而不是安于现有权力和利益。

光荣退休

对于创业阶段的功臣，如果不适应现阶段的企业要求，一定要尊重、有尊严地处理，核心是解决“名”和“利”的问题。

“名”的意思是，让他们有一个有体面的台阶下，保留一些虚衔；“利”的意思是公司尽可能减少退出时的利益损失，例如保留他们部分还没行使的股票，减少利益损失。

职业过渡（Outplacement Assistance）

对于业绩不佳或者因为组织变动而冗余的干部，公司可以提供一定时间的职业过渡协助，让他们在公司内部或外部寻找新的工作机会。但指定时间（如3个月或6个月）过去后仍未找到合适机会，也只能离开。

坚定解雇

如果上述条件都不符合，经过绩效改进计划仍然不合格的人，企业就要走解雇流程，做好解雇工作最重要的一点是，你要立场坚定，同时要充分尊重人的感受。

对于如何解雇这个话题，硅谷著名创业孵化器公司Y Combinator掌门人山姆·奥特曼说过："这个问题最重要的一点是，你要设身处地为对方着想，把对方当作普通人。然后尽最大努力，让这件事看起来像他们赢了一样。我解雇掉的每个人，解雇前我都帮他们找好了工作，然后我跟他们坐下来，说我们准备这么做。所以，当他们走的时候，他们会宣布他们的新工作，然后在他们出去的时候我们会祝贺他们。"

本章小结

移动互联时代，淘汰的速度要快，因为业务成本和文化成本巨大

领导者需要克服私人感情的障碍，把淘汰的决策交给“左脑”

实施淘汰决策时，要借助“右脑”温和处理——在坦诚反馈、内部轮岗、转换通道、光荣退休、职业过渡等手段都不合适时，要立场坚定地解雇，解雇过程要体现对人的尊重

第四部分

虚实结合，自我驱动

一群孩子在一位老人家门前嬉闹，叫声连天。几天过去，老人难以忍受。于是，他出来给了每个孩子 25 美分，对他们说：“你们让这儿变得很热闹，我觉得自己年轻了不少，这点钱表示谢意。”

孩子们很高兴，第二天仍然来了，一如既往地嬉闹。老人再出来，给了每个孩子 15 美分。他解释说，自己没有收入，只能少给一些。15 美分也还可以吧，孩子仍然兴高采烈地走了。

第三天，老人只给了每个孩子 5 美分。孩子们勃然大怒，“一天才 5 美分，知不知道我们多辛苦！”他们向老人发誓，他们再也不会来为他玩了！

这个故事形象地解释了心理学中的德西效应，人们做任何一件事情总有动机，内在的，如兴趣、好奇心和成就动机，或者外在的，如薪酬回报、荣誉、晋升等。

老人发钱的故事把孩子们的内在激励——玩的兴趣——转化为外在激励——为了报酬。而外在激励是可以控制的，当刺激物逐渐减少的时候，诱因和驱动力也在降低，于是动机在丧失，孩

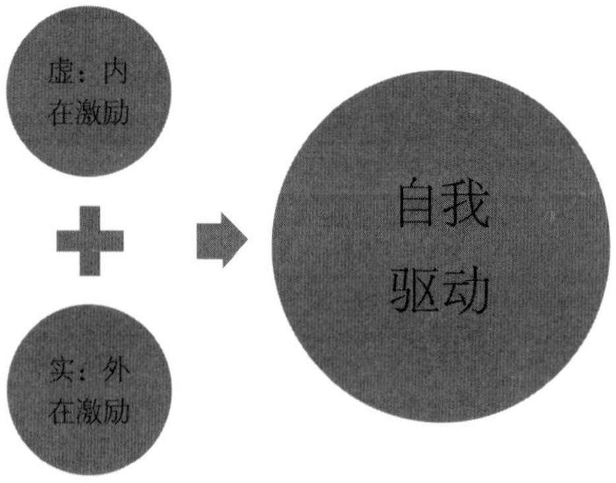

子们的行为产生了“消退”。

改革开放30多年，中国很多企业作为世界工厂大量使用了与物质相关的外在激励手段，这些手段极大调动了员工工作的积极性。但是，我们认为只靠钱这种单一的手段，对于在移动互联时代鼓励创新和激励创造性人才效果会越来越有限，企业越来越需要采用多元化的激励模式。

虚的方面——内在激励

企业需要确立正当的使命、愿景和价值观，开发工作本身的意义，以此获得员工的认同，实现人才的自我驱动。

管理大师彼得·德鲁克曾提到，在管理知识密集人才时，企业管理应该向非营利机构学习，如宗教团体、公益组织，因为这些组织能让成员自动自发、出钱出力，为机构的使命无私奉献。很明显，成员的投入是出于发自内心地对这个机构（或工作）的认同和热爱。

实的方面——外在激励

通过绩效管理、晋升、利益共享等外在回报，让员工潜心于投入工作，达成企业期望看到的行为和结果。

近年来，企业界在这方面有不少的反思和创新，如绩效管理向绩效发展的改进，合伙人、股权激励等利益共享机制，这些改进都是为了鼓励员工全心投入、自我驱动。

以上两方面的激励要合理恰当，不可偏废。

一方面，如果企业过度依靠物质激励，员工很可能难以持续投入工作。例如，很多企业成功上市后，大量干部和员工成了千万、百万富翁，结果纷纷离开公司，因为已经赚了足够多的钱。相反，当企业出现经营困难、业绩下滑时，很多员工也会离开，因为收入少了。

另一方面，假如企业一味依赖内在激励，但在取得成功后将利益都归于少数高管的口袋中，员工也会觉得被忽悠，难以持续投入。

如果员工能对企业的使命、愿景和价值观或者工作本身的意义高度认同，再加上绩效导向、利益共享的分配机制，不管公司上市还是业绩下滑，他们选择留在公司的机会更大。

所以虚实结合，平衡使用，才能实现员工的自我驱动。

第十二章我们会先讨论企业如何让员工对企业和工作高度投入和认同，第十三章和第十四章会介绍外在激励的创新思路和做法。

第十二章

激发人才对浩瀚汪洋的渴望

——内在激励：工作本身就是激励

如果你想造一艘船，先不要雇人去收集木头，也不要给他们分配任何任务，而是激发他们对浩瀚汪洋的渴望。

——安东尼·德·圣埃克苏佩里，《小王子》的作者

居里夫人发现镭的伟大功绩和获得诺贝尔奖章的荣誉，像一声春雷轰动了整个世界。当金钱、荣誉和地位向她走来的时候，她的做法是，把价值100万法郎的镭无偿地赠给一个治癌的研究室，而诺贝尔奖章则成了女儿的玩具。她拒绝了日内瓦大学教授的丰厚待遇，继续做艰苦的研究工作，过着平淡的生活。

居里夫人的故事解释了真正科学家的特质：研究的突

破对他们带来的激励远远大于名和利。中国古语说“重赏之下，必有勇夫”，可是到了居里夫人这里失效了。

居里夫人的例子并非个案，带领索尼走向辉煌时代的创业者深井大，他能点燃技术开发人员心中之火，让他们变成为技术献身的“狂人”，就是因为他深信——“工作的报酬是工作”，而不是名和利。[①]

那么，对于创造性人才来说，到底什么方法可以有效激励他们呢？

“胡萝卜+大棒”激励方式面临的挑战

长期以来，企业界都信奉员工都是“趋利避害”的，因此运用“胡萝卜+大棒”（即做得好有奖励，做得不好要惩罚）是最有效的激励员工的方法。这种手段对于高度标准化的制造性工作、服务工作以及可以短期衡量业绩的岗位（如制造工人、餐厅服务员和相对简单的销售人员）来说的确直接有效，因为工作产出容易快速衡量，但工作本身的乐趣不大。

---

① ［日］天外伺郎，《索尼前常务董事天外伺郎：绩效主义毁了索尼》，载日本《文艺春秋》，2007年1月刊。

但是到了移动互联时代，这一理念有明显的局限性。为什么呢？

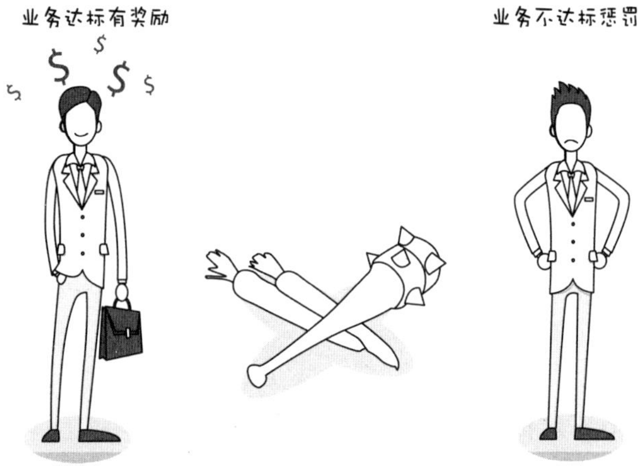

图 12–1 “胡萝卜+大棒”激励方式

移动互联时代，创造性工作将成为主流

第四章提到，移动互联时代创造性工作将成为主流，这种工作的特点就是产出无法预知，更需要人的创造力和探索能力，工作本身也将更有乐趣。

在过往的实践中，已经大量出现“工作本身就是激励”的案例。一个典型的例子就是由数万名无偿贡献劳动力、以协作和编辑为乐、完全免费的维基百科打败了微软投入巨资和人力开发的百科全书。另外一个例子是Linux，这个被大公司IT（信息技术）部门普遍应用的软件是由一群没有报酬的程序员设计的。①

当工作本身更有乐趣的时候，德西效应告诉我们，过于强调外在激励，反而会弱化工作本身的激励作用。

小康问题解决后，员工需求变得更加多元和复杂

过去十多年，中国一直保持着每年8%~10%的加薪速度，而美国是3%~4%，虽然初级人才的收入和美国相比还有差距，但是中国中高端人才的收入正在接近发达国家水平。

中国在迈向高收入国家的进程中，养家糊口不再成为工作的主要驱动力。当员工对物质和金钱的诉求降低，当90后等年青的一代纷纷进入职场，不再愿意服从权威和管制，他们会更加追求工作本身的乐趣、工作的自由度以及成就感。

正如华为CEO任正非所说："要相信人内心深处有比金钱更高的目标与追求，愿景、使命感、成就感才能更好地激发人。"

① ［美］丹尼尔·平克，《驱动力——在奖励与惩罚都已失效的当下如何焕发人的热情》，中国人民大学出版社2012年版。

那么，应该如何发挥工作本身的激励作用呢？我们认为要从两个层面解决问题：

第一，在公司层面，通过使命、愿景和价值观，为企业构建一座“山巅之城”。

第二，让员工的工作更有乐趣，发挥工作本身的激励作用。

使命、愿景和价值观——为企业构建一座“山巅之城”

17 世纪，大批英国清教徒因王室逼迫逃往国外。这群深深影响了美国价值观的清教徒们，不惜离乡背井，甘冒危险，漂洋过海来到荒芜的美洲大陆。他们认为自己是上帝的新选民，要在新的世界里创建一个有别于腐败的旧世界的“山巅之城”，供世人景仰，让世人仿效。①

移动互联时代，企业要在危险丛生的环境中持续成功，需要为员工们确立一个“山巅之城”的理想，让他们为了更美好的使命而投身工作，激发潜力。

---

① 晏立农主编，《图说基督教文化》，吉林人民出版社 2009 年版。

使命、愿景、价值观的重要性

笔者近年经常到硅谷和以色列考察企业，每次听创业者介绍自己公司时，都会强烈感受到他们通过科技改善人类生活、颠覆传统的渴望和激情。

要让员工在工作上高度投入，企业高管的重要角色就是让他们知道他们每天的工作都对世界和社会有意义，员工在这里工作追求的是伟大高尚的目标，而不是简单为了赚钱。当然，更理想的是能把公司梦想与员工个人梦想高度匹配，这就达到了彼得·德鲁克所提倡的向非营利机构学习的境界。

企业需要通过使命、愿景、价值观，来构建公司的“山巅之城”。

使命

使命定义了公司存在的价值。

好的使命可以：

（1）指引公司重大业务决策，明确企业做什么不做什么。例如，谷歌不做电商；奈飞公司专注于影视内容，不做体育或游戏。

（2）吸引优秀人才参加公司。

（3）激发员工的自豪感和工作乐趣。

（4）人才保留，在业务和薪酬下滑时仍能凝聚一批志同道合的人才。

（5）得到社会相关利益体的认同和支持，包括政府、客户、供应商等。

脸书创始人扎克伯格谈到，有了使命，就会让人更专注——脸书之所以诞生，是因为当时觉得网上人和人连接非常重要，但当时互联网上却缺乏这种服务，而脸书的建立就是要解决这一问题。

我们发现在那些基业长青的公司，都以“为广泛人群谋求价值为最大动力”。这些使命超越了赚钱的商业目的，更多是一种道德和社会责任感的目标，激发了善行和利他的本能，让公司上上下下每个人的工作都有了意义，让员工为之自豪。例如：

迪士尼的使命是“让人们快乐”。

谷歌官方的使命为“整合全球信息，让人人受益”，不作恶（Don’t do evil）则是一条非正式的公司使命。

腾讯的使命是“通过互联网服务提升人类生活品质”。

滴滴的使命是“让出行更美好”。

阿里巴巴的使命是“让天下没有难做的生意”。

愿景

愿景定义了公司长期奋斗的目标。

好的愿景可以激励公司制定出更有挑战性目标。例如：

阿里巴巴：做 102 年的企业（跨越三个世纪）；成为全球最大的电子商务服务提供商；打造全球最佳雇主公司。

腾讯：做最受尊敬的互联网企业。

价值观

价值观阐明了在公司推崇的行事为人准则。

好的价值观可以：

（1）提供干部员工每天决策和做事的依据；

（2）具备一致的价值取向和行为准则，帮助内部沟通协调；

（3）柔性管理，不过度依靠规章制度，从而增加企业的灵活应变能力。

华为实践的思考——百年老店，千年庙堂[①]

田涛和吴春波在《下一个倒下的会不会是华为》一书中分析了一个现象——在世界上做到“百年老店”的企业非常少（例如中国企业的平均寿命只有3.7岁），但是“千年庙堂”却非常多。为什么宗教之树永远长青，而企业之花往往很快凋零？这背后，就是被广泛认可的价值观。

核心价值观很大程度上来自于创始人在艰辛创业过程中的“悟道”和“布道”。20多年后的今天，回头审视任正非的一系列讲话、观点，让人感到惊异的是，他的基本思想从未改变过，正如任正非所言：“是什么使华为快速发展呢？是一种哲学思维，它根植于广大骨干的心中。这就是‘以客户为中心，以奋斗者为本，长期坚持艰苦奋斗’的文化。并不是什么背景。”

以行践言——使命、愿景、价值观的落实

使命、愿景和价值观不是挂在墙上的漂亮话，它们的生

---

① 田涛、吴春波，《下一个倒下的会不会是华为——任正非的企业管理哲学与华为的兴衰逻辑》，中信出版社2012年版。

命力完全靠企业是否可以做到以行践言。

正如马云所说，这个时候，企业必须把这些“虚”的东西当作“实”来做，这是企业持续成功的基础。

要让员工认同公司的使命、愿景、价值观，企业必须把它们贯彻到高管决策和行为中、干部和员工的招聘和选拔中、不断的沟通宣导中。这样，才能凝聚一群志同道合的人。

CEO身体力行

只有CEO高度认同所提倡的使命、愿景和价值观，身体力行，并像牧师一样虔诚布道，员工才会认真对待。一旦定格，就坚持到底，不唯利是图，不左顾右盼，不朝令夕改，使企业形成向前进取的基本动力、长久长展的基础条件、立身于世的基本品格。

阿里巴巴：只有文化、使命和价值观不能讨价还价

在面对重要战略决策时，很多企业都会进行五力分析、SWOT（强弱机危综合分析法）、外在趋势等分析，才决定是否通过该决策。但在阿里巴巴，整个讨论重点却是从使命和愿景出发，关键判断点是，该决策是否符合和支持公司的使命和愿景。

除了业务决策，CEO的人事决策，时间分配也是落实“虚”的关键。比如在阿里巴巴，有业绩但价值观不行的被称作“野狗”，要坚决踢出公司。所以，马云曾说：“每到一个地方，都有人问我，你的团队从十多个人到几万名员工，是如何管理的，其实只有简单的五个字——价值观、文化。有一样东西是不能讨价还价的，那就是企业文化、使命感和价值观。”

华为：任正非的“以行践言”

任正非被认为是“华为文化核心价值观”的最富蛊惑力的传播大师。任正非的每一次发言、每一篇文章，都在潜移默化地传递着华为“以客户为中心、以奋斗者为本、长期坚持艰苦奋斗”的核心价值观。但是，真正让华为的员工信服的，还是任正非自己的“以行践言”。

在2014年，一条有关“任正非在机场挤周转车”照片在微博中广泛传播，网友点赞无数。2016年，“任正非在机场等出租车”的照片又传遍了微信朋友圈，又是一面倒的赞美。任正非到国内某地出差，不通知所在地的公司负责人，下飞机后，乘出租车直奔酒店或开会地点……这些是他的习惯，偶尔让人看见，反成了新闻。

华为的高管们大抵都如此。华为一位副董事长说："华为这样的做法，并不代表着领导层的道德觉悟有多高，这不是我们的出发点。重要的是，它体现着华为的价值观：客户重要，还是领导重要？这才是大是大非，关系到公司的胜败存亡。"

另外一个例子是，华为在过往的二十多年，有过若干次与资本联姻的机会，任正非都选择了回避。几年前，摩根士丹利首席经济学家斯蒂芬·罗奇率领一个机构投资团队访问华为总部，任正非没出面会见，只派了负责研发的常务副总裁费敏接待。事后，罗奇有些失望地说："他拒绝的可是一个3万亿美元的团队。"任正非对此事的回应是："他又不是客户，我为什么要见他？如果是客户的话，最小的我都会见。他带来机构投资者跟我有什么关系呀？我是卖设备的，就要找到买设备的人……"①

人力资源政策保障

"道"和"术"需要相辅相成，文化价值观的落地需要

① 田涛、吴春波，《下一个倒下的会不会是华为——任正非的企业管理哲学与华为的兴衰逻辑》，中信出版社2012年版。

得到人力资源政策的保障。

从招聘开始，公司就要确保找到与其价值观相匹配的人。

新员工培训要宣导公司的使命、愿景、价值观，让新同事理解公司对事情的判断和推崇的行事为人标准。

晋升和激励资源分配的时候，除了业绩之外，充分考虑员工的价值观匹配度。

对于违背公司价值观的人员，视事件严重程度及时反馈、警告，甚至开除。

这些制度将确保公司将“虚”的东西当“实”的来做。

华为：价值观落地的核心抓手——干部和激励政策

华为在选拔干部时，一个硬标准就是，是否认可和传承公司的核心价值观。由于华为的管理团队有很大的权力决定下属的“升官”“发财”，公司大了，难免会出现“崇尚领导比崇尚客户更厉害”的风气。因此，任正非指出：在华为，坚决提拔那些眼睛盯着客户，屁股对着老板的员工；坚决淘汰那些眼睛盯着老板，屁股对着客户的干部。前者是公司价值的创造者，后者是谋取个人私利的奴才。各级干部要有境界，下属屁股对着你，自己可能不舒服，但必须善待他们。

华为的成功让越来越多的公司老板们看到了“艰苦奋斗”对公司成功的意义，他们希望自己的员工能够像华为员工一样有奋斗的韧性。但是，很多老板忘记的一点是，华为的员工这么奋斗，是因为华为的激励机制做到了“以奋斗者为本”，就是“工者有其股”——让奋斗者共享公司发展的成果。

“道”和“术”紧密结合，让十几万华为员工和管理干部奔赴全球各地，无怨无悔地为实践“以客户为中心”的目标而流血流汗。

沟通宣导

企业要不断提醒员工记住公司的使命、愿景、价值观。一个有效的沟通方法是，通过公司的活动，如广告、司庆、年终晚会、公益日、文化日、客户日等平台，总结榜样事迹，宣讲他们的故事和示例。

阿里巴巴：用故事讲述价值观

在阐述“客户第一”的价值观时，举了这样一个例子：“一个业务员将山东一个三线城市的房地产商发展成为中国供应商，尽管它给公司带来了6位数的收入，但公司仍然把钱退给客户，并对员工进行了处理。如果按照股东利益这个钱该收，但是按照客户第一的原则，这就是欺骗客户！公司无法把房子卖到全世界，这显然是业务员夸大公司的能力。”

华为：芭蕾舞者的双脚

2015年1月，李克强总理去华为深圳总部视察时，背后的一则广告引起人们的关注和热议——图中芭蕾舞者的双脚，一只包裹在华美的舞鞋中，另一只伤痕累累，并配有一句话："我们的人生，痛，并快乐着。"

这则广告和在之前推出的"布衣院士"李小文埋头做学问，不为金钱、名誉所动的广告如出一辙，都在向员工和社会宣传奋斗、坚持、脚踏实地、认真做事的价值观。

这两则广告在当下浮躁的社会风气中，让人警醒，也让员工牢牢记住公司是靠怎样的为人行事标准，才获得如此巨大的成功。

让员工体验工作的意义和快乐

我们经常发现，为"兴趣"而工作的创新人才比为钱而工作的同行要更有成绩，即使在付出同样努力的条件下也是如此。

如何让工作本身变得更有乐趣？企业需要经营一个鼓励员工自主管理的工作环境，工作有意义，氛围自由、愉快，才能让人产生专注或沉浸其中的状态。

我们建议企业关注以下四个方面：

工作的意义：让员工觉得自己从事的工作是非常有意义的，可以对人类和社会带来贡献；

透明化：公司给员工分享即时有用信息，让员工基于事实和数据自主决策；

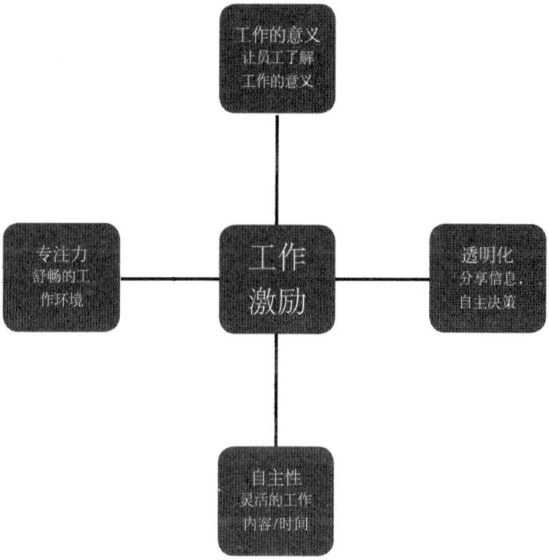

图 12–2　工作激励

自由度：员工可以灵活安排自己的工作内容和时间；

专注力：为员工营造一个舒畅的工作环境，可以专注工作。

工作的意义——让工作有益于增进人类福祉

著有《基业长青》的管理学家吉姆·柯林斯说过："除非生活有意义，否则不可能过美妙的生活；少了有意义的工作，很难过有意义的生活。"当员工认为自己所从事的工作对人类的公共生活带来福祉时，会让员工感受到自己正在"用双手改变世界"，在工作上更愿意投入。

赋予工作梦想和意义需要公司和个人两个层面有机配合，才会让员工觉得这正是他们要做的工作，不是老板要他们做的工作。例如，小米的工程师都认为他们正在创造世界上最牛的产品，为发烧而生。去过海底捞火锅店的人都会感受到不同年龄服务员的积极主动服务。玫琳凯的美容顾问深信自己不是单单在卖美容产品，而是"美化女性人生"，让女性有更多外在美和内在美。

实证研究：工作的意义是工作积极性的关键驱动因素

沃顿商学院管理学教授亚当·格兰特认为，工作的意义是工作积极性非常重要的驱动因素，了解工作意义的员工更会觉得工作对他人带来的影响，会从内心感受到更多的快乐，工作成效更高[①]。

亚当·格兰特的一项研究聚焦在了某社区娱乐中心的救生员身上。他让第一组救生员阅读了救生员拯救他人性命的纪实故事。第二组救生员得到的则是完全不同的阅读材料，讲的是救生员本人如何从自己的工作中受益的故事。结果是：那些阅读过救生员改变了他人命运故事的人，工作时间大幅增加了40%以上，而那些只是了解到一份救生员工作能让他们更富裕的人，工作时间的长短则没有什么变化。[②]

除了救生员研究，亚当·格兰特的多个实证研究都表明，"工作的意义"是工作积极性的关键驱动因素。

在移动互联时代，员工与终端用户在物理分离状态可以变得愈来愈远，在这种环境中，对企业来说，构建一个内部制度——促进员工了解自己正在帮助的人是谁，是至关重要的。

"技术手段确实是一把迷人的双刃剑，"亚当·格兰特谈

---

① Adam Grant, Impact and the Art of Motivation Maintenance: The Effects of Contact with Beneficiaries on Persistence Behavior, Organizational Behavior and Human Decision Processes.

② Adam Grant, The Significance of Task Significance: Job Performance Effects, Relational Mechanisms, and Boundary Conditions, Journal of Applied Psychology.

道，“一方面，我们拥有了越来越强大的能力，能让员工与不同地区的终端用户建立联系……但另一方面，技术手段也降低了对面对面互动的需求。”

为了解决这一困境，谷歌就做过类似的尝试，谷歌有300个销售人员，每天帮助小企业通过互联网销售他们的商品。对谷歌人来说，这些工作太枯燥了，但是当销售人员看到一家偏远的小店如何通过谷歌第一个广告和全世界链接，并增加20%的销售的视频时，他们感到由衷的兴奋，感受到让他们和公司的使命相连。①

透明化——分享信息，自主决策

在科层制组织架构下，权力过度集中导致的信息壁垒处处可见——领导者掌握最全面的信息，员工只能服从权威。然而，服从权威对团队的伤害非常大，它会让团队成员放弃独立思考的能力，放弃自己的责任，放弃从工作中获得的成就感。员工会说：“因为当时老板说要怎样怎样，所以我们才失败了。其实如果那样，我们就不会输。”

---

① Laszlo Bock, Work Rules!: Insights from Inside Google That Will Transform How You Live and Lead, *John Murray*, 2015.

发挥工作的内在激励，需要领导者勇敢地把权力分散下去，减少壁垒，提高信息透明度，让最了解一线情况的员工基于事实和数据进行决策，而不是总听老板的指挥。

要信任员工比老板更加专业，他们的信息更全面和及时。只有给了员工权力，他们才愿意承担责任，才能从工作中感受到更大的成就感。

稻盛和夫：答案永远来自现场[①]

被誉为日本“经营之圣”的稻盛和夫经营企业的一个重要理念就是答案永远来自现场。阿米巴小集体核算的起源就是挖掘员工的潜力，稻盛和夫认为只有让员工充分了解企业的经营状况后才能彻底地激发员工的信心和责任心。

早在几十年前，京瓷就实现了每个阿米巴和整个公司的经营现状要在结账 1 个小时内立即向员工公布结果。稻盛和夫认为，只有将数据及时反馈给现场，员工才能快速做出判断并采取得当措施，员工们才知道自己应该怎么去改变，怎样让自己的努力变成阿米巴的业绩。

---

① 石川康，《稻盛和夫的经营哲学——日本经营之神的管理密码》，商务印书馆 2007 年版。

阿米巴领导人不能掩盖阿米巴经营不好的事实，当员工认识到该部门出现了亏损情况时，就会意识到他们已经拖了整个公司的后腿，会更加积极完成目标。

扎克伯格：尽可能回答员工所有问题[①]

脸书的开放不只体现在对外部应用开发者的态度，对内部员工也是一样。扎克伯格每周都有固定的内部问答时间（All Hands Meeting），尽可能地回答员工的任何问题，保持足够的透明度。每周五下午5—6点，他先用一点时间介绍公司近期发生了哪些重要事件，然后就是回答员工的任何提问。

扎克伯格推崇在公司内部实现最大可能的透明，所以他尽可能地回答所有问题。只要有兴趣，任何员工都可以参加，除总部之外其他办公室的员工也可以通过远程视频参与。

营收等业务数据，一开始在全公司都是公开的。工程师都可以访问广告系统，相关收入的数据很容易就看得到。后

---

① 王淮、祝文让编著，《打造Facebook——亲历Facebook爆发的5年》，印刷工业出版社2013年版。

来，这方面的系统加了一定权限，只有广告部门和支付部门的同事可以看到，但也并没有规定哪些员工不能获得这些数据。公司有明确的规定，就是包括这些数据在内的相关情况，不要对外人讲。

e袋洗张荣耀："保守秘密的最好办法是没有秘密"①

在创办e袋洗之前，创始人张荣耀在传统洗衣行业已经有二十多年的经验，当被问到e袋洗组织能力建设的亮点时，张荣耀的回答是："透明和授权。"

"我们公司里面最有权力的人是离用户最近的人，小e管家有权限直接决定顾客钱的流向，省去中间的审批环节。"张荣耀说。

张荣耀在公司只是看预算，不审批财务，基本上员工能参与公司的很多重大决策，包括采购也是透明的，领导的办公室也是开放的。有一次张荣耀回到办公室，正巧同事们正在开会，便去外面溜达。

"保守秘密的最好办法是没有秘密。"因此，他尽可能让

① 杨国安教授对话e袋洗创始人张荣耀，详见《杨视角 | e袋洗拥抱共享经济，保守秘密最好的办法是没有秘密？》。

所有员工都参与总体战略，了解公司价值观、目标、战略和打法，大家都提前达成共识，这样就能自觉执行了。采购也同样透明，就是大家货比三家，没有特别的层级审批规定。

张荣耀在公司经常讲的一句话就是，“唯独该监督的是位高权重的人，而不是员工。”他认为监督的成本可能要远大于信任的成本，不能够说怕有漏洞就把机构搞得很庞大，人与人之间的约束和信任应该靠团队而不是靠上下级。

张荣耀还反对只给钱，舍不得给权和名的做法。他说：“很多企业的老板往往觉得要敢给团队利益，我觉得这远远不够。‘钱、权、名义、成就感’都需要给予，老板想要的东西，团队都应该有。”

自由度——让员工成为工作的支配者

移动互联时代，快速变迁的外部环境要求员工必须具有创造性，不再是工作流程的奴仆。想象一下，近百年来最伟大的艺术家，比如毕加索或达芬奇，如果有人告诉他们：你必须画这种画或你必须谱这类曲！你早上 8∶30 必须开始工作！你必须选择这种表达方式！你会觉得，这些想法实在是太荒谬了。

正如丹尼尔·平克所说："要想让人们负责任，必须确保他们对自己的工作内容、工作时间、工作方法、工作团队有控制权，这是达到这个目标的必经之路。"所以，当企业将工作内容、时间安排的权力下放给员工的时候，会发现员工的创造力得到了极大释放。

实证研究：艺术家实验①

特里萨·阿马布勒是哈佛商学院教授，也是世界上研究创造力的领军人物之一，他和几位研究人员曾经在纽约雇用了二十多名专业艺术家。研究人员要求这些艺术家随机选择10件指派性的工作、10件非指派性的工作。

之后，阿马布勒把他们的作品交给一组颇有成就的艺术家或艺术馆馆长评判，对这些作品的创新性和制作工艺分别做出评价。

研究人员写道："我们的研究结果非常惊人。指派性作品在创造性上明显不如非指派性作品，但它们在制作工艺上没有明显的差异。"

---

① ［美］丹尼尔·平克，《驱动力——在奖励与惩罚都已失效的当下如何焕发人的热情》，中国人民大学出版社2012年版。

一名艺术家受采访时如此描述自己的感受："当你为别人完成一件作品时，这更像是'工作'而非乐趣。而当我为自己工作的时候，我感受到的是纯粹的创作乐趣，工作起来可以没日没夜，废寝忘食。"

3M公司的15%时间①

我们都知道谷歌鼓励工程师每周自主安排20%的时间用于喜爱的项目，像谷歌新闻、Gmail这些伟大的产品都是这20%的时间开发出来的。但是，这一创新并非源于谷歌。

工作的自主安排最早由3M公司发起。20世纪三四十年代，3M董事长威廉·麦克奈特的想法别具一格，他信奉一个简单的信条，这在那时看来有点颠覆性："雇用好人，然后不管他们。"

当"授权"一词在管理人员中还没流行起来的时候，他就为"自主"创造了一个更加生动的案例。1948年，他写道："被我们委以自主和责任的员工们，如果他们是好人，就会按他们自己的方式工作。"带着这些思想，这个公司推行了一

① [美]丹尼尔·平克，《驱动力——在奖励与惩罚都已失效的当下如何焕发人的热情》，中国人民大学出版社2012年版。

项新政策：技术人员可以把15%的时间花在他们自己选择的项目上。

这片高墙内的自主实验田很快变成良田沃土，创新硕果累累，其中，科学家雅特·富莱发明了这个如今无处不在的贴纸，他这个想法出现在那15%的时间里。如今，卖便利贴可是笔大生意：3M在超过100个国家里出售的便利贴产品超过了600种，它对全球的文化产生了深远影响。

3M的前任研发主管说，在公司至今仍赖以生存的发明中，大多数来自于15%的时间。

专注力——为员工营造舒畅的工作环境

人的大脑不是设计用来做多任务处理的，工作高效需要专注力。资深顾问大卫·洛克和三十多位脑神经系统科学家探讨大脑功能如何运作，得到结论是："脑细胞最佳化是一次只专注做一件事情，假若同时处理多项事务，马上面临正确度与绩效上的大滑落。"

另外一项研究显示，人们经历快乐能解决更多问题。马克·比曼基于对人类大脑的研究，得出结论是"人的正面情绪可以帮助提升洞察力"。换句话说，愈快乐，愈有能力注意身边细微信号，唤醒潜藏意识，找到背后解决问题的可行方案。[①]

在竞争激烈的移动互联时代，企业要保持高效，一个重要课题就是如何营造一个员工不被杂事缠累，保持快乐情绪，乐在其中的工作环境。

近年来企业在福利方面的创新，表面上看似乎为了讨好员工，实质上却是提升员工的专注力和工作效率的有效途径。

谷歌：每一项福利都是为了“提升效率、改进合作和创新”

早在创业阶段，谷歌就以提供各种创新和不同寻常的福利著称。谷歌在2004年IPO申请中的“申请人一封信”这样写道：“我们为员工提供很多不同寻常的福利……我们认为在节省员工大量时间、改善他们的健康状况、提高他们的生产效率的福利方面不能贪小失大。”

谷歌总公司位于山景城，那里配置了洗衣间、健身房，提供瘦身课程、按摩疗程，配置专职发型师与医疗支援。除

① 《为何Google员工福利机制设计能让员工更加专注？》，今日头条，2015年11月23日。

此之外，还有洗车、换机油与修理自行车等服务。因此，员工可以专心工作不用应付生活杂务。

在公司剪发、加油、洗衣、修车等可以提高效率，增加员工有效工作时间。免费供餐和家属开放日可以鼓励从未见过的同事认识彼此，促成合作和创新。如人力运营资深副总裁拉斯洛·博克所说，谷歌所有的福利设计都围绕着“提升效率、改进合作和创新”三个目的。[1]

---

① Laszlo Bock, Work Rules!: Insights from Inside Google That Will Transform How You Live and Lead, *John Murray*, 2015.

本章小结

“胡萝卜+大棒”的方法对于从事激励创造性工作和有多元化需求的员工来说不再奏效

企业需要通过使命、愿景和价值观构造一座“山巅之城”，并把这些“虚”的东西当作“实”来做，包括：

- CEO身体力行
- 人力资源政策保障
- 沟通宣传

发挥工作本身的激励作用，需要让员工体验工作意义和快乐，包括：

- **工作的意义**：让员工觉得自己从事的工作是非常有意义的
- **透明化**：分享信息，自主决策
- **自由度**：让员工成为工作的支配者
- **专注力**：为员工营造一个舒畅的工作环境，可以专注于工作

第十三章

水能载舟，亦能覆舟

——外在激励：牵引和发展导向的绩效管理

欲思其利，必虑其害，欲思其成，必虑其败。

——诸葛亮《便宜十六策·思虑》

过去一段时间，索尼前常务董事天外伺郎的一篇《绩效主义毁了索尼》[①]，在中国引起了企业家的广泛讨论。他认为，索尼失去活力，就是因为实行了绩效主义。绩效主义让索尼失去了“激情集团”，失去了“挑战精神”，失去了“团队精神”，让索尼从“创新先锋”沦为“落伍者”。

很多企业如索尼、通用电气、微软、诺基亚、万科等，

---

① ［日］天外伺郎，《索尼前常务董事天外伺郎：绩效主义毁了索尼》，载日本《文艺春秋》，2007年1月刊。

都在质疑绩效管理的有效性。反对KPI的声音也此起彼伏，有人说“你永远不可能KPI出一个伟大的产品”，认为这个工具扼杀了创新。

古人说：“水能载舟，亦能覆舟。”绩效管理、KPI等用得好是很有效的工具，但是用不好负面影响巨大。移动互联时代，我们需要重新思考绩效管理的真正目的是什么，再来看到底什么样的工具适合这个时代。

传统绩效管理机制不再适合创造性工作

总结过去几十年主流企业使用的绩效管理体系，有四个环节组成：

（1）目标设定：年初公司与员工设定考核目标；

（2）进度反馈：每季或半年对员工进行反馈，检讨进度；

（3）绩效考核：每半年或每年进行考核打分（按正态分布每个等级有一定比例）；

（4）薪酬激励：按照考核评分发年终奖金、调薪和股票。

我们认为，这一机制信奉“将考核结果与薪酬直接挂钩，以鼓励员工为获得更好的报酬而努力工作”，对于管理

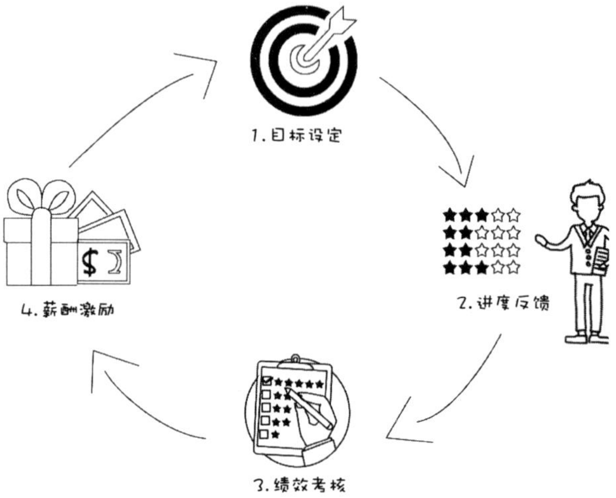

图 13–1 绩效管理体系的四个环节

和激励从事标准化流程工作（劳动付出与结果产出有清楚直接关系）、市场和商业模式成熟的业务单元依然可以起到有效的牵引作用，鼓励大家打拼。

但是对于创造性工作和创新性业务，这套管理面临很多挑战，主要体现在 4 个方面。

目标设定

在这一环节，业界最常用的是KPI，它把对部门或个人绩效的评估简化为对几个关键指标的考核。

KPI如果只作为一项目标分解的工具，并没有什么问题。关键的问题是，在业界，KPI结果已经被广泛用于考核评分的依据。员工在设定自己的KPI时，就心知肚明这个结果会和自己的“升官发财”挂钩，这带来的问题包括：

创造性工作目标很难准确设定

移动互联时代，经营环境充满不确定性，导致企业很难准确定下目标。这是因为市场的反应和成长的速度难以预测，好坏往往都超乎想象。

例如，小米在推出第一款手机时，定了几十万的目标，结果订购者约700万。一旦出现“爆款”，几个月甚至几十天就把团队的一年的业绩指标完成。这样的结果，说明很难预先定一个目标；即使定了目标，也常常参考价值不大。

又如，因为外部市场变化和竞争对手的举措，原来精心设计的产品可能不尽如人意，需要马上做出调整，未来也不知道结果如何，那么该如何设定目标呢？

在目标合理性上讨价还价

如果年初定下的目标与年底奖金、调薪强捆绑，影响到升官发财，员工就有足够的动力把目标压低，而公司却希望这个目标尽可能高。

在这样的背景下，上下级就不得不浪费大量的时间对目标进行讨价还价，公司还会错过引导员工挑战自己的机会。

抑制了员工创新的内在动机

KPI有很强的导向性，鼓励员工把精力放在最重要的结果上。然而，创新的核心是想象力和好奇心，一项伟大的创新经常伴随着无数次失败和迭代，可能需要多个考核周期才能最后成功。

一旦员工过度关注眼前利益，就会不愿意也没有精力从事与KPI无关的创新或尝试，因为这些创新与他个人的升官发财无关。结果很可能是，企业实现了KPI，但丧失了巨大的潜在商机。

天外伺郎认为："业务成果和金钱报酬直接挂钩，职工就会为了拿到更多报酬而努力工作。如果外在的动机增强，那么自发的动机就会受到抑制。如果没有发自内心的热情，而是出于'想赚钱或升职'的世俗动机，那是无法成为'开发狂人'的。"①

---

① ［日］天外伺郎，《索尼前常务董事天外伺郎：绩效主义毁了索尼》，载日本《文艺春秋》，2007年1月刊。

进度反馈

传统的绩效管理由于太过关注考核，大多数管理者没有意识到反馈对于员工和企业成长的重要意义，被动遵循绩效流程的要求，半年或一年做一次绩效反馈。

然而，在速度制胜的移动互联时代，员工反馈和激励周期应该变成“即时发生”。如果反馈或激励不是在事情发生之后很快提供，而需要等半年才收集反馈意见或表扬的话，很多相关事情就会忘得一干二净。事情越久远，记忆越空洞，说了等于没说，导致员工错失更快的成长机会，企业的发展速度也会变慢。

绩效考核

起源于杰克·韦尔奇时代的绩效考核方法崇尚“强制分布”，企业普遍将员工分为业绩最佳的20%、中间的70%和垫底的10%，为了激活组织，垫底的10%应该持续淘汰。

“强制分布”的初衷是“差异化”地分配薪酬资源，并起到激活组织的作用，但是如果使用过于刚性，对于创造性工作激励会带来大量的副作用。

管理者的注意力放在考核而非发展上

管理人员的注意力不太放在对员工发展的帮助上，而是更加以考核的眼光看待员工。

天外伺郎提到，在索尼充满活力、蓬勃发展的时期，公司内流行这样的说法："如果你真的有了新点子，来！"也就是说，那就背着上司把它搞出来，与其口头上说说，不如拿出真东西来更直接。但是，如果上司总是以冷漠的、"评价的眼光"来看自己，恐怕没有人愿意背着上司干事情，那是自找麻烦。①

员工的注意力放在竞争而非合作上

对员工来说，"强制分布"让员工把注意力放在了内部竞争，而不是团队合作和个人发展上。

微软为什么要放弃"强制分布"②

微软曾经是"强制分布"的坚定执行者，但是在2013年放弃了这一做法，因为发现出现了大量违背初衷的现象。

---

① [日]天外伺郎，《索尼前常务董事天外伺郎：绩效主义毁了索尼》，载日本《文艺春秋》，2007年1月刊。

② 林海，《微软为何废除曾引以为豪的武器——员工分级制？》，中国软件资讯网，2013年12月9日。

我们都知道微软囤积了大量优秀的人才，但是反应速度却比苹果等竞争对手慢。

一个例子是，当消费者可用同一个苹果iTunes账号搞定苹果笔记本电脑、手机和平板计算机时，在微软推出Window 8手机一年后，软件开发者才可以用一组账户同时为微软手机和计算机开发App应用程序。微软有这么优秀人才，为什么反应速度却比别人慢？因为“强制分布”的制度让大家习惯故意留一手，让同事无法拿到足以威胁自己绩效的信息。“我帮助你，等于让自己绩效降低”的观念逐渐扎根在微软人心中，这种生存“潜规则”逐渐演变成显而易见的经验。

另外一个例子是，员工不想转调到表现最优秀的团队以免成为垫底者。如果你想转调，就得冒着部门主管把你的绩效打成最低分，填补名额的风险。

正态分布的假设不适用于明星员工

工业时代，优秀人才的贡献可能是一般员工的3~5倍，正态分布的假设比较合适。

但在创造性工作中，好的创意带来的价值难以估量，1~2人的贡献有可能决定了团队整体的表现，因此人与人的贡献差别可能是10倍或者100倍，这个时候正态分布的假设不一定成立，优秀员工和一般员工的激励也不能以“A”和“B”的评分来显示。

薪酬激励

传统的薪酬制度包括工资、奖金和股权激励，通常操作如下：

调薪：一般来说，绩效越好、现有薪酬与岗位目标薪酬相比差距越大的员工调薪幅度越大，通过这种方法把员工的工资拉到合理的范围内；

奖金：和绩效挂钩，通常绩效优秀员工的奖金水平是绩效平常员工的2~3倍；

股权激励：往往集中于高管，在传统行业中非常明显，这是因为这些企业信奉高管对公司业绩影响最大，股权激励有助于将高管利益和股东利益捆绑。

这种薪酬模式在移动互联时代遇到如下挑战。

过于强调内部公平性，不完全体现市场价值

传统薪酬模式高度看重内部平衡（Equity）和系统一致性（Consistency），应用于大多数员工身上并无大碍，但是应用到明星员工身上就会出问题。例如，某位员工非常出色，但是薪酬已到岗位目标薪酬的顶部，很多公司为了保持一致性，就会压低他/她的调薪幅度。事实上，市场上对于明星员工的竞争空前激烈，获取了他们，半只脚就踏入了成功。因此，对待这群人（通常不超过总人数的2%），企业需要换一种思路付薪。

值得借鉴的是球队的模式。例如，世界顶尖球员梅西的身价是2.5亿欧元，梅西所在的巴萨队也是世界上数一数二的球队，总身价6.9亿元，球员一共25人，平均身价2 700万欧元。梅西一人的身价是巴萨队平均水平的9倍，还绰绰有余！如果巴萨队固守人为限定的调薪和奖金幅度，梅西的最佳决策就可能是离开球队。因此，对明星员工，应该放弃内部公平性和一致性的考虑，完全按照市场价值付薪。

压抑人才的创业激情

在移动互联时代，创造性人才在企业占比越来越大，如果一家公司希望始终保持创业公司的敏捷和速度，就需要员工像合伙人、小老板一样思考和行事。

但是在传统管理模式中，只要少数高层指引方向，大多数员工低头执行，所以只要将公司高层利益和股东利益捆绑就可以，员工拿着工资和奖金，难免会有打工心态，很难感受到创始人的危机和紧迫感。

牵引和发展导向的绩效管理

移动互联时代，绩效管理应该更多以牵引和发展为导向，而不应过度关注“升官发财”。

这意味着，绩效管理将更多地成为企业分解和沟通任务、发展人才的工具，调薪、奖金和晋升等应用只要做到让大家相信公司一定会论功行赏即可，不应该成为注意力的焦点。

正如帮助美团打造了一支地推铁军的COO干嘉伟所说：“高水平的管理应该是‘借假修真’，绩效指标、各种数字在某种程度上说都是假的，而人才和组织的发展提升，才是真。”

面对创新性工作或者早期孵化阶段业务，我们对绩效管理有以下建议。

目标设定：作为努力方向而非考核依据

目标设定主要是作为团队和个人努力方向，不是最终绩效考核的依据。

在过去一段时间，“KPI和OKR（目标+关键结果）到底哪个更好”广受业界关注。我们认为，工具本身并没有大的差别，最重要你的导向是什么？重在考核，还是重在牵引和发展？

OKR起源于德鲁克的目标管理思想，最先在英特尔公司实践，并被谷歌学习和成功实践，此后在领英、脸书等互联网公司风靡。

OKR在实践中，有很多和KPI类似的地方，例如：都可以用于牵引员工行为在公司、团队和个人的层面保持一致，指标要可量化，符合SMART原则，数量要精，目标要有挑战性等。

但是，最核心的差异是导向“考核”还是“发展”——KPI主流的实践重考核，且考核结果和薪酬强关联；而OKR更多是用来统一目标并仅作为考核的参考，这样可以更好地让员工聚焦在伟大目标的分解和实现上，其导向是“发展”。

我们认为牵引、发展导向的绩效管理模式（不管你叫KPI，还是OKR），更加适合创造性人才。这一模式将降低设定合理目标的压力——员工放下“升官发财”的压力，就会更加勇敢地探索未知的领域，工作的内在激励作用就会发挥出来，管理成本也会大大降低。按照谷歌的说法，目标完成60%~70%要比完成100%更好，达成40%也不意味着失败，而是要思考自己的项目是否应该继续下去。

进度反馈：回归员工发展

同样，进度反馈也要回归员工的发展。

管理人员应该树立“建设性反馈是给员工礼物”的信念，反馈需要更及时、频繁、轻度，能结合数据更理想。认可和表扬也要更及时，而不是按着流程半年或一年考核周期到了才反馈。

此外，将反馈做在平时还有一个巨大的好处——当反馈和薪酬没有直接的关联时，员工就会把注意力聚焦在自我提升，而不是为了争取物质回报而对过去的行为进行辩护。

曾经发明“强制分布”（又称“活力曲线”）的通用电气，到了移动互联时代，也在勇于自我颠覆，将绩效管理的重心从“考核”转向“发展”。

2016年3月，通用电气全球高级副总裁、中国区总裁段小缨向所有中国员工宣导了通用电气从2015年就开始在美国推行的新的绩效管理政策，下文是从中抽取的关键信息。

通用电气：颠覆韦尔奇，App时代的绩效发展[①]

韦尔奇时代的绩效发展EMS体系

还记得通用电气著名的、从韦尔奇时代开始沿用至今的绩效发展员工管理系统（EMS）体系吗？每到年底，无论职位高低，每个人都需要经历自我评价和被评价，然后在一个团队中得出一个九宫格绩效图，看自己是在哪个位置，是榜样的被提拔，工作不力的被淘汰。

这套体系我们沿用多年，还被写入哈佛商学院教科书。

为什么要改变

先说说这个工具到底怎么玩。新的App名为PD@GE，PD即为Performance Development的缩写，可以称之为绩效发展。

每个员工在这个App平台上设立自己的工作重点（Priorities）；直属经理可随时多次就工作重点与其快速交流（Touchpoints）；同时不仅是直属经理或者团队内，任

① 段小缨，《小缨视点 | 颠覆韦尔奇，App时代的绩效发展》，通用电气中国微信号，2016年3月24日。

何人都可以随时通过这个App给予该员工反馈和真知灼见（Insights），甚至该员工可以主动发出邀请某人给自己意见。这是一种完全打破时间、打破团队限制、打破传统自上而下的一种新绩效文化。

今天的通用电气，70%业务在美国之外，60%的员工是80后90后，我们需要更扁平横向的团队沟通，更快速透明的决策反应。这样，对人才绩效评估发展仅凭自上而下的一年一次，就彻底出局了。

改变的到底是什么

通用电气这次是彻底颠覆自己，改变的不止于绩效考核的方式，App也不仅仅是个新鲜工具，在我看来，PD带来的更是与时俱进的通用电气企业文化变革。

首先，向前看，而不纠结过去：花太多时间评价过去的功过，已难以改变结果，着眼未来才是正事。就未来工作重点提出建设性意见和反馈，帮助员工更好应对未来所发生的。

其次，看优点，而不抓住缺点不放：一个人的成长和进步，取决于充分发挥并不断强化其优点。缺点当然要改进，但人无完人，没有一无是处的人，只是看你有没有放他在合适的岗位上而已。

最后，实时实用，而不程式化：反馈越直接，越具体，就越有效。在PD上给对方意见不是匿名的，尽管中国文化趋于含蓄，但在我看来，提倡更透明的互动，才能成就更开放、包容的企业文化。反馈的时效性也很重要，App把随时随地做成了常态。

在通用电气工作多年后，我深切感知到一个好的企业，企业文化应该无所不在，能聚合所有人，朝着同一个使命向前。以人才为本的企业战略，不仅成就企业的成长、引领行业，更能让员工实现个人的职场梦想、超越自我。

今天，通用电气颠覆韦尔奇，正式进入App时代的绩效发展。

绩效评估：基于尽可能完整的信息做出判断

创造性工作的成果有非常大的不确定性，任何困难和失误都在所难免，只看结果不看过程很难鼓励创新，这就意味着绩效评估需要引入更加全面的信息和视角，过程和结果都要看。

掌握更加全面的信息，并透明化

达成一个KPI结果有很多原因。如果单纯看结果，对过程和长期影响不做判断，很可能产生不公平的评估。

例如在互联网行业，DAU（日活跃度）是可以完全量化的、非常关键的用户指标，但是DAU的数字漂亮并不代表绩效就好，因为这个结果可能是靠良好的用户口碑积累而成的，也可能是靠砸公司的资源，以及一些损害用户体验的导流手段实现的，是杀鸡取卵的短期行为。

因此，为了确保绩效评估的公平性，绩效相关信息要在全公司尽可能透明——有了群众的监督，才会规避作假或利用信息不对称夸大自己业绩的可能。

此外，领导者尽可能从客户、同级和下属等收集全面的信息（对于业务部门，还要关注和外部的对比，如市场增长、竞争对手情况等），才能对结果有更好的判断力。

谷歌在推行OKR时，强调每个人的OKR在全公司都是公开透明的，这样OKR在考核阶段就可以起到较好回顾作用，能快速明了地看到做了什么，结果怎样。[①]

在OKR流程之下，谷歌的员工有另外一个工作习惯：Snippet。Snippet也不神奇，实质上是一个结构性的邮件周

---

① 徐圣宇,《谷歌OKRs的真相：与KPI到底是啥关系？需要用它替代KPI吗？》，围一桌，2014年7月10日。

报机制，每周末，每位员工都会以邮件的形式明确三个方面内容：

（1）本周工作回顾；

（2）下周计划；

（3）支持需求。

之后员工要将Snippet发送给固定的几个人，作为工作过程沟通。在半年评估时，谷歌会要求所有的员工不仅做好自评，还需要找出3~8个与自己紧密合作的同事进行他评，同事的反馈帮助将有助于判断被评估人做的项目的重要程度，作为奖金发放的参考。

评估更加关注人才本身

当目标设定做得很轻时，绩效评估就需要做得重，这意味着要更加关注人才本身，而非机械地跑流程。

单个管理者的判断准确性难免受到个人偏好及信息全面性的局限，因此在进行绩效评估时，需要整合会议进行综合判断。这个会议往往由隔两级的高层主持，由直线经理介绍员工的情况，绩效突出和垫底要重点讨论。员工分布比例需要有适度弹性，不能机械地追求“强制分布”而忽视了个体的情况。

谷歌的两次绩效整合会议

在谷歌，绩效整合会议是确保全公司范围标准一致性和相对平衡的重要环节，绩效评估委员会按业务特性和组织架构及地域（国家）分别进行整合。

通过不同维度的整合会议，每一名员工至少被评估两次，以此来作为员工考核和晋升的结论。

薪酬激励：论功行赏，强化合作与创新

心理学家爱德华·德西认为："高效的公司给员工足够信心，公司对杰出贡献主管和员工一定是通过论功行赏让他们几乎忘了报酬这回事，而只专注于工作本身。"

我们认为这个薪酬理念更加适合创造性工作。让员工相信公司会"论功行赏"，如下几个实践尤其值得关注。

业务团队和平台的薪酬结构要体现差异化

业务团队业绩可以短期体现，因此，相对低的底薪和相对高的浮动（业绩分享）更有助于激发创业精神。

和业务团队不同，平台的业绩很难在短期内体现，也更难评估。对于这些人才来说，高底薪、低浮动是绕开他们过

于关注“考核和短期绩效”的优雅方式，更有助于让他们放眼长期，仔细打磨平台能力。

明星人才市场付薪优于内部平衡

薪酬体系只适合98%的大多数员工，而对于明星员工或团队要有体系外的特别激励，调薪更加看重人才贡献和市场价值，而不是与目前岗位的目标薪酬进行比较。

小团队薪酬和团队结果挂钩

如果按照小团队运作，且业绩可以短期呈现，员工/团队的薪酬应该直接与所负责项目的价值/利润挂钩，而不是与公司整体挂钩。这样有利于减少“增加编制”的诱因，降低团队间平衡的考量。

对于需要跨部门协作或公司战略级项目设置额外激励

业务团队或者部门与自己团队业绩直接挂钩的时候，其中一个挑战是他们关注小我，而忽略大我，对于跨部门协作或者公司级战略举措投入度不高。

为了修正这个倾向，企业可以另外设置奖励，鼓励大家合作或者对战略级项目配套长期激励机制。

尝试内部创业，建立虚拟的创业基金和创业回报

例如企业每年拨出一笔创业基金，不同团队都可以申请。通过委员会或公开流程，企业决定哪些创新项目获得种子基金，再按这些项目的发展进度，分阶段投入资源或者终止项目。

一旦创业项目成功，企业就可以考虑让他们独立发展，引入外部战略投资者甚至上市。假如企业不希望这些项目脱离公司独立发展，也需要用公司股票或者现金认可这些创业团队对新项目创造的价值。

表 13–1　两种绩效管理模式总结与对比

关键步骤	传统模式的挑战	更适合创造性人才的模式
目标设定	• 难以设定合理目标 • 上下级讨价还价 • 抑制了创新的内在动机	• 目标用于牵引努力方向，不是最终考核依据
进度反馈	• 半年或一年做一次反馈	• 回归员工发展 • 即时发生
绩效考核	• “强制分布”让管理者的注意力放在考核而非发展上 • “强制分布”让员工的注意力放在竞争而非合作上 • “强制分布”的假设不适合明星员工	• 基于尽可能完整的信息做出判断 • 员工绩效分布保持适度弹性
薪酬激励	• 过于强调内部公平性 • 压制人才创业激情	• 论功行赏 • 强化合作创新

本章小结

移动互联时代，创造性人才成为主流，传统绩效管理机制在激励创造性人才和创新业务上面临如下挑战：

- 合理目标很难设定
- 进度反馈频率过低
- 绩效考核对发展关注不足
- 薪酬激励过于强调看重内部公平性，压制创业激情

更加适合创造性人才的绩效管理机制有如下特点：

- 目标设定只是努力方向，不是最终考核依据
- 进度反馈回归员工发展，即时发生
- 绩效评估基于尽可能完整的信息做出判断，更加细致地评估个体
- 薪酬激励论功行赏，强化合作与创新

……………

第十四章

……………

把员工变成小老板

——外在激励：合伙人制度和内部创业制度

……………

财聚人散，人散财散；财散人聚，人聚财聚。

——中国古训

清朝年间，晋商创造了票号业的奇迹，在晋商繁荣的近百年间，票号经手汇兑的银两达十几亿两，没有发生过一次内部人卷款逃跑、贪污或被诈骗的事件，员工像东家一样为票号的发展尽心尽力。

这一奇迹发生的关键就是“身股制”。简单来讲，就是票号的股份分为“银股”和“身股”，东家出钱是“银股”，掌柜和伙计出力，是“身股”，身股和银股都可以参与企业分红。

正如晋商在票号业的探索，移动互联时代，如何让员工像小老板一样思考和行事（TALO，Think and Act Like Owner）成为人才激励的核心挑战——我们应该设计什么样的制度，让员工精打细算地使用资源，像对待自己的孩子一样对待公司的发展，时刻有紧迫感和危机感，又敢于为了公司的未来冒险和尝试?

本章探讨两个管理创新：第一，合伙人制度；第二，内部创业制度。

合伙人制度

为什么需要合伙人制度

近几年业界的一个热词就是“合伙人”，很多人高呼“职业经理人已死，现在是合伙人时代”。我们认为合伙人制度并不是今天就出现的，回顾晋商的历史，可以简单理解，用“身股”入股的股东，就是合伙人。

在工业时代，有四大生产要素：资金（Capital）、土地（Land）、劳动力（Labor）、企业家才能（Entrepreneurship），其中最重要的因素就是资金，资本家掌握着最大的价值。

到了移动互联时代，资金不再匮乏，中国经济增长已经从投资和基础设施拉动变成创业、创新拉动。创投基金在中国如雨后春笋，地产“黄金”"时代已过，人才和企业家才能成为价值创造的火车头。

毫无疑问，和“银股”相比，移动互联时代是“身股”价值崛起的时代，只有真正把员工当成合伙人，他们才会对公司和工作充满激情，像小老板一样思考和行事，才有可能创造商业奇迹。

图 14-1 合伙人制度

什么是合伙人制度

合伙制企业的合伙人制度

提到合伙人制度，业界的概念是非常混乱的——有人讲的是法律结构，有人讲的是股权激励，还有人讲的是公司控制权。因为“合伙人”一词最早出现于合伙制企业，这就需要追本溯源，从合伙制企业讲起。

合伙制企业是一种法律意义上的企业形态，最早出现的是“普通合伙企业”。这种企业的特点是只有“身股”，没有“银股”。合伙制企业往往都身处轻资产、重人力资本的行业——公司的成功，只靠员工的智慧和经验，其他都不重要。合伙人必须是企业的管理层，并经过严格筛选才能担当，他们既是公司的雇员，又是公司的所有者。合伙人离开时股份被强制回购，意外死亡继承人不能继承股份，除非在公司担任管理职务。

后来又出现了有限合伙企业，主要流行于股权投资（PE）行业。有限合伙企业有普通合伙人（GP）和有限合伙人（LP）两类。通常情况下，普通合伙人出资1%，有限合伙人出资99%。基金的运作交由普通合伙人管理，有限合伙人不能参与具体运营事务。同时，在利益分配时，在所有人都收回投资成本后，在普通合伙人和有限合伙人之间按照20%：80%的比例来分配投资收益。有限合伙企业最大好处是让普通合伙人用很少的资金撬动上百倍资金，牢牢掌握公司控制权，还能获得远超过自己出资比例的超额收益。这些特权都体现了对普通合伙人人力资本价值的认可。

公司制企业的合伙人制度

演变到今天，我们认为合伙人制度也适用于公司制企业。类似晋商那样，在那些倡导“合伙人制度”的公司制企业中，一部分股东是“银股”，通过出钱成为股东；一部分是“身股”，通过人力资本成为股东。不同的是，在移动互联时代，对“身股”价值的认可达到前所未有的高度，并赋予合伙人三种重要权力：

- 股权激励；
- 公司控制权；
- 身份象征。

合伙人制度的四种形态

合伙人制度在业界实践的形态是多样的，基于前文讨论，我们可以总结出如下四种形态。

表 14–1　合伙人制度的四种形态

合伙制企业	公司制企业
第一种：股权激励+公司控制权+身份象征	第二种：身份象征为主 第三种：股权激励为主 第四种：公司控制权为主

合伙制企业——股权激励+公司控制权+身份象征

如今，合伙制企业，或者说法律意义上的合伙人制度，在咨询公司、律师事务所、会计师事务所、建筑师事务所等重人力资本的行业依然常见。做到"合伙人"级别的人往往经过严格筛选，成为合伙人将享受分红，有公司控制权，又是一种身份的象征。

德勤：最原汁原味的合伙人制度

德勤至今仍保留着普通合伙企业的形态，对于新晋合伙人，需要完成严格的绩效标准才有准入资格，新合伙人必须"优于现有合伙人的平均水准"，并需所有合伙人投票通过才能当选。

新合伙人入伙时，企业将增发股份，稀释现有合伙人的股份，并完成工商登记，从而成为真正意义上的股东，并可以每年得到两次分红。如果退休或离职，公司将按照购股价格退股。

公司制企业——身份象征为主

为了追求企业扩张，不少曾经的合伙制企业已经转变为公司制，但是保留了“合伙人”的头衔。“合伙人”变成了一种身份的象征，也为员工的职业发展指明了方向。

高盛：“没有人清洗一辆租来的车”

在19世纪末，像高盛这样的投资银行都是合伙制企业。正如高盛高级合伙人费里德曼所说：“没有人清洗一辆租来的车。成为合伙人的梦想是一种无与伦比的激励力量，也是吸引最优秀人才的巨大诱惑。”成为高盛的合伙人是一种身份的象征，这种身份包含荣誉、权力、财富和备受尊敬的成就感。

1999年，高盛为了扩充资本金，减轻合伙人承担无限责任风险的压力，结束了维持了130年的合伙制企业，转变为股份有限企业。同期，大多银行转制后，都放弃了合伙人这一概念，但高盛一直将“合伙人“作为一个雇员级别保留了下来。成为高盛的合伙人依然是一种身份的象征。员工毕业加入高盛，从分析员（Analyst）做起，历经经理（Associate）、副总裁（VP）、高级副总裁（SVP）、总监（Director）、执行董事（ED，Executive Director）、总裁（MD），最终到合伙人，依然是一条让员工备受激励的一条职业发展通道。

公司制企业——股权激励为主

合伙人制度在公司制企业最常见的形式还是股权激励。在职业经理人制度下，管理者和员工的主要报酬是工资和奖金，虽然可能有股权分配，但是分配的量和覆盖的人群都远远没有那些富有合伙人精神的公司多。

此外，职业经理人包赢不包输，公司盈利了，职业经理人可以拿到大量奖金，公司亏损了，职业经理人可以拍拍屁股走人。我们发现不少倡导合伙人精神的公司还要求员工出资（通常比外部投资者价格低）购买公司股票，除了共享，这种模式又多了一份共担。

业界实践已经证明了广泛的员工持股计划对公司长远发展带来的价值，一个典型的例子就是华为。虽然华为采用的是公司制，也很少用“合伙人”这个概念，但是在公司的股权结构和价值分配中，只有“身股”，没有“银股”，这一点高度类似“合伙制企业”。

华为：“知识资本化”

任正非从1987年创办华为到现在，没有引入任何外部资本。现在，华为有16万名员工，研发人员占了近一半，其他人绝大多数也都是知识工作者，是一个典型的知识密集型企业。

华为在创业的早期就推行了员工持股计划，目前有近8万人持有公司股票，任正非持有公司1.4%的股份，其余股份全部由员工持有，没有任何外部股东。符合绩效条件的员工每年按照经过审计的每股净资产购入公司股票，每年享受分红。

华为轮值CEO徐直军在接受媒体采访时提到，员工持股机制是华为成功的最核心要素，他说："任总认为高科技行业需要大家一起进行利益分享，我们的员工持股就是知识资本化，员工分享企业的利益。正是因为员工持股，才使我们团结了这么多的人。西方顾问公司发现我们公司干部队伍储备是很充足的，这是他们不可想象的。要想挖我们一位中高级主管很难，因为待遇你是开不起的。"①

股权激励的核心是利润分享权，在企业实践中，也有公司提供部分利润分享权给员工，认为这也是合伙人制度的一种形式。例如，永辉超市合伙人制度本质上是和员工分享

① 周展宏，《华为的秘密》，载《财富》(中文版)，2012年3月。

自己所在门店的超额利润，通过利益捆绑起到了很好的激励效果。

公司制企业——公司控制权为主

在很多创新性行业（如互联网），企业家和人才是取得成功最关键的因素。但是，由于早期公司要以迅速扩大用户规模而非盈利为目标，需要大量引入风险资本。如果公司融资较多，创始团队很容易失去控制权。大量案例表明，创始团队失去控制权，很可能会让公司失去长远发展的灵魂，对所有股东都不利。因此，让创始团队以少数股份控制公司的模式（如AB股模式，B股的投票权可能是A股的2~10倍）开始在美国盛行。让“身股”的投票权远远高于由于“银股”，是对人力资本的极大认可。

阿里巴巴：“湖畔合伙人”

根据阿里巴巴的IPO文件，马云等董事高管持股不超过13.5%，而软银和雅虎分别持有34.4%和22.6%股权。为了保证创业团队和核心管理者的控制权和决策权，及企业文化的可持续性，阿里巴巴独创了“湖畔合伙人”制度。

阿里巴巴的合伙人有提名董事会超过半数席位的权力，

从而间接获得董事会决策的控制权。合伙人需要高度认同企业文化，愿意为企业使命、愿景和价值观竭尽全力。

阿里的合伙人选举机制借鉴了麦肯锡、高盛等合伙制企业的做法。为了确保合伙人能够传承阿里的文化价值观，合伙人必须在阿里巴巴服务满 5 年，持有公司股份（有限售要求），由在任合伙人向合伙人委员会提名推荐，并由超过 75% 的合伙人投票同意，方能加入。

内部创业制度

当公司规模变大以后，还会遇到一个挑战，就是如何像小公司一样快速和敏捷？尤其是对于那些需要创新和具有探索性的业务，如果员工只是拿着工资和奖金，难免会有短期导向的打工心态，很难激发创业激情。

为解决这些问题，很多企业在“内部创业”方面做了有意义的创新和探索，营造创业公司氛围，给团队更大的自主权，同时与激励配套。这种探索等于是打了股权激励、项目跟投、赛马机制和改变董事会治理的组合拳。

一个例子是，为了破除外资公司入华“水土不服”的困局，领英放弃了把中国业务作为一个部门的常规外企模式，而是引入合资、改变公司治理，给中国团队前所未有的授权，让他们像一个创业公司一样运作。

领英的中国创业[①]

2014年之前，领英用四五年的时间研究，为什么其他跨国互联网公司在中国都做不好？最后得出了一个结论，要给中国团队更多的自主权，让它像独立的创业公司一样运转。因此，领英需要找到一个人来做这件事，不是职业经理人，而是在中国有过成功创业经历的创业者。

2014年初，他们找到了这样的人——沈博阳加入领英担任领英中国总裁，沈博阳曾在人人公司内部创业了团购网站糯米，再之前曾是谷歌中国区战略合作负责人。

内部创业机制

杰夫·韦勒和里德·霍夫曼把红杉资本、宽带资本拉进来，成立了一个合资公司。领英中国董事会里有五位董事：杰夫·韦勒、里德·霍夫曼、红杉资本的沈南鹏、宽带资本

---

① 及轶嵘，《领英的自我革命：跨国互联网公司在华失败魔咒能否打破？》，创业邦，2015年8月14日。

的田溯宁，还有沈博阳，通过两家投资机构逼着领英中国更像一个创业公司。

领英中国从前台到CEO，中国团队全员持股。中国团队拿到的是领英中国的期权，而不是领英全球的期权。

组织结构

沈博阳也有类似于创业者那样更大的决策权，他本人直接向领英CEO汇报（同时向领英中国的董事会汇报）。沈博阳下面绝大多数部门都是实线向他汇报，这一点非常不同于常规跨国互联网公司的矩阵管理——在这些公司，中国区负责人更多是公众人物，对外是区域负责人，而在内部其下属一般是虚线向他汇报，实线向总部职能部门汇报。

因此，沈博阳可以基本独立做决定，例如他驱动了中国的双品牌战略，除了全球化的平台领英，再做一个纯本土的“赤兔”。

另外一个例子是芬尼克兹宗毅创造的裂变式创业模式。这种模式在杨三角学习联盟内启发了多位会员企业的尝试，如啄木鸟医疗器械、美丽华油墨涂料等。

这一模式是当公司有新业务出现时，公司组织“创业大赛”，让参赛团队向所有员工介绍自己的项目商业计划，参赛团队的总经理还必须承诺跟投所需项目投资的10%成为股东，而员工则“用人民币选总经理”的方式进行投票，获得投资金额最高的团队胜出。

这种模式打破了传统的论资排辈的人才选拔模式，通过竞选和跟投机制，同时解决了选人和激励两大问题。

芬尼克兹宗毅的裂变式创业①

芬尼克兹（以下简称芬尼）是一家空气源热泵产销公司，2000年在广东成立，公司在生产热泵产品的同时，也向用户提供一整套节能解决方案。公司成立初期为海外公司进行代工生产，出口产品到欧美市场，后逐渐拓展国内市场，成为国内技术领先的热能公司。

用人民币选总经理

2009年，芬尼遭遇了金融危机，利润降低70%。创始人宗毅开始反思，到底出了什么问题？产品这么好为什么不在中国卖？我们有没有可能做一个互联网公司？

此前，芬尼成立了4个由员工去当大股东、总经理的公司，收入蛮高。以前的带头人都是宗毅来指定，但是这个

---

① 李晓红对宗毅的访谈及宗毅的公开演讲。

时候宗毅很头痛，一个做制造的，从来没有做过面向消费者的品牌，就像是富士康突然说要做苹果，怎么能转得过来？芬尼面临两个挑战，第一是互联网营销，第二是消费者洞察。市场策划、产品策划，甚至做一本说明书，以前都不会做。

在这样的背景下，后来宗毅决定来一次PK，举办类似《赢在中国》的创业大赛。但问题是，通过什么方法把这个人选出来？很多唱歌跳舞的比赛，评委是不理智的，经常感情用事。但做生意不能这样，要很严肃。生意是艺术和科学的结晶。不能开玩笑，宗毅很担心选出来的人不是想要的人。后来宗毅想出了一个方案，通过选票改变了整个公司。

他设计的创业大赛的主题是“如果我是创业公司的总经理”。参赛队要选一个项目，写上你要投多少钱，然后签上大名，员工用人民币投票。

比赛有三条铁律：

投资实施时不兑现有重罚，扣年薪的20%，比如员工要投20万，等用钱的时候，不能说我没钱，这样要扣年薪的20%。

竞选人是大股东，自己不投资的不得参赛。大股东要投

10%的资金，1 000万的项目，投100万，这个时候就不会拍脑袋说要2个亿。

获得投资额最大者获胜。

第一次大赛，有14个队报名。为什么会有这么多人报名？因为之前的4家公司都挣钱，总经理收入都很不错，排在第一的总经理年薪已经过百万，与他同期进入公司当高管，没有当总经理的，只有他的1/4，这个刺激是非常大的，大家觉得终于有一个公平竞争的机会了。

在钱面前大家是很认真的，参赛队伍公布出来之后，“选民”就会去研究该把钱投给谁，根本不用你去评估。所以，选出来的人，第一个道德水平不差，第二个经营能力不错，德才兼备。

老资格的人会竭尽全力支持年轻人

以前在提升重要干部的时候，提升一个人，得罪好几个人，压力全在宗毅这里，每个人都在找他说情。

老员工找宗毅说，在公司七八年，现在该轮到我了。宗毅想，这回要搞一个互联网公司，你不合适。但直说打击人，宗毅就说，“你参赛吧。”这样皮球一下子就踢出去了。老员工就会想，“我又不懂互联网，参赛能拿到钱吗？”宗毅就引导他，你后面那个谁谁谁不错，你多投点钱给他，让他给你做大股东，他想一想，OK。

这样年轻人如果上去，老员工自然会全力以赴支持他的工作，因为老资格的人在公司里是有威望和影响力的。这样一来，公司就不会因为越级提拔而造成混乱。

本章小结

移动互联时代，企业的激励机制要将越来越多的人才变成“小老板”，本章探讨了如下两个管理创新：

- 既是公司的员工又是公司的拥有者——与之对应的是合伙人制度
- 摒弃打工心态，拥有创业激情——与之对应的是内部创业制度

第五部分

领导者和人力资源的定位和角色

移动互联时代，拼的不是资源，而是团队。移动互联的战略转型和组织能力打造是一个艰难的历程，要形成竞争壁垒，需要整个企业从上到下的认同和努力，具体来说是“三群人”的共同承诺和积极投入，这“三群人”包括：CEO、直线主管、人力资源，他们的定位和角色在移动互联时代都有所调整。

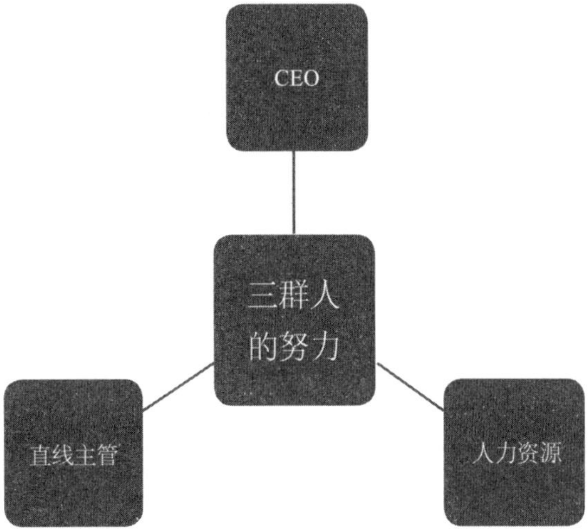

在下面的章节中，我们将分别探讨这三群人在移动互联时代的定位和角色。

第十五章

把一群人带到自认为去不了的地方

——CEO的角色和定位

领导者是能够将一群人带到他们自认为去不了的地方的人。

——鲍勃·伊顿，原克莱斯勒CEO

改编自真实事件的美国电影《点球成金》讲了这样一个故事：44岁的棒球队总经理比利所在的奥克兰运动家队败给了财大气粗、可以高薪挖球星的纽约洋基队，让他深受打击。雪上加霜的是，球队财务捉襟见肘，不得不放弃三个明星队员。他发现，职棒比赛已经不再是单纯的竞技，而是慢慢变成了金钱的竞争。

一次偶然的机会，比利遇到了耶鲁大学的经济学硕士彼得，他听取了这个只有25岁年轻人的建议，一起研究如何打造最高胜率的球队。彼得用数学建模的方式，挖掘出一些被严重低估价值的球员（这些人或者年龄很大，或者身体有恙，或者打球姿势诡异，或者个人生活混乱）。彼得的方法，帮助比利组建了一支理论上能赢且负担得起的球队。

比利通过软磨硬泡将这些球员招致麾下，但是教练却不相信这些“老弱病残怪”能成事，弃之不用，结果连连溃败。面对冷嘲热讽和各种阻挠，比利和彼得联手摆局，终于让教练派新引进的球员上场，没想到从此奥克兰运动队如有神助，实现了20连胜，在常规赛季中获胜的场次高居第二。之后，奥克兰运动队连续三年都打进了季后赛，其中两年，只用了几轮比赛就淘汰了最有钱的洋基队。

比利的故事有几点非常值得今天的CEO参考借鉴：

第一，开放的心态和快速学习能力让他可以虚心采纳一个25岁的年轻人的建议；

第二，能够在竞争异常残酷的环境中创新商业模式，找到价值蓝海；

第三，面对质疑，有坚持的勇气和变革的策略。

《从0到1》的作者彼得·泰尔认为，“技术进步是一种‘从0到1’的进步，人们需要尝试从未做过的事情。”要对没有做过的事情判断和下注，极大考验CEO的商业洞察力和领导力。

第一，你面临不确定性！

第二，你要保证做出的重大调整是对的！

第三，最好快点！

因此，CEO需要以积极开放、客观务实的心态拥抱移动互联时代的变化，保持学习和自我提升的心态，不断与时并进，勇于放弃甚至否定过去的成功模式，这是对CEO自我修炼的要求。

在此基础上，在这个新时代，CEO尤其需要关注如下四

图 15–1　CEO四大角色

个角色：

角色 1：战略转型的引路人；

角色 2：市场化网络组织的设计者；

角色 3：梦之队的打造者；

角色 4：自我驱动环境的缔造者。

心态开放，像海绵一样学习

移动互联时代，经营跨界，环境变化快，学习复杂度高。行业中低效、落后、痛点多的领域里往往隐藏着颠覆的机会，这一切都值得注意和思索。

作为企业的决策者，CEO的学习能力决定了决策的质量；CEO的学习速度决定了整个企业的学习速度。

柯达、百事达的CEO们由于无法忘记过去的成功模式，不愿放弃过去多年积累的优势和沉没投资，也不能想象未来的新机遇，终让他们痛失变革的最佳时机。

面对移动互联的大浪潮，没有企业可以置身事外，CEO必须以开放和好学的心态，探索移动互联技术在本行业的应用，寻找改造价值链、开创产业蓝海的机会。

CEO虽然不需要成为所有领域的专家，但是要做出高质量的决策，仍需要对各个领域有深刻理解。我们看到，那些成长速度极快的公司，往往都有一位对新事物保持强烈的好奇心，像海绵一样学习的CEO。

扎克伯格：像海绵一样学习

脸书创始人扎克伯格每年都对自己设定一个学习目标，诸如每天和脸书之外的人见面、学习中文、自己动手开发一个人工智能系统等，这些目标不断挑战自己的毅力、扩大自己的视野。

扎克伯格也不耻于承认自己的无知，不害怕提出困难的问题，"为什么"是他最喜欢说的。他明白自己缺乏领导经验，常常跟着他认识的最好领导人学习——如史蒂夫·乔布斯、比尔·盖茨，并邀请Accel（全球顶级风险投资公司之一）联合主合伙人和精明投资者吉姆·布雷耶加入脸书董事会，这些人要么建立了自己的公司而且为新行业发展建立了平台，要么具备扎克伯格缺乏的具体经验。[①]

---

① 萧谔，《扎克伯格的哪些品质和能力成就了Facebook？》，腾讯科技，2013年1月4日。

在我们认识的众多企业家中，很多在不断进修，向世界级的标杆企业学习。由杨国安教授和一些企业家创办的杨三角学习联盟，在过去几年就与100多位企业家到国内和国外（如硅谷、以色列、德国等）的领先企业进行观摩学习，开拓视野。房多多的诞生就是2011年美国硅谷之旅直接触发的。

战略转型的引路人

在移动互联时代，CEO需要在战略方向上能够做出准确

图15–2　战略转型的引路人

预见，对形势做出清晰判断，对时机进行合理把握。

洞察环境变化

我们的建议是，CEO应该在例行会议中将环境变化变成常规议程，保持团队对环境的持续敏感，保持战略打法的弹性，才能把公司有限的资源不断投入在高价值、高成长空间。

在稳定的行业中，CEO需要三分考虑外在环境变化，七分考虑企业现有资源优势和组织能力。但面对像移动互联的结构性环境变化（Radical Changes），CEO引领团队制定战略时必须七分关注外在环境变化，洞察和拥抱外在趋势，必须先于他人捕捉到变化的端倪。

创新用户体验

硅谷最具影响力创投公司A16Z联合创始人霍洛维茨曾经用下面的问题挑战中国企业家："假如今天每个消费者口袋中都带着一个具备20世纪60年代大型电脑计算能力的手机，我们所在的行业应该有何不同的做法？"[①]

---

① 2015年8月19日在杨三角学习联盟论坛中与杨国安教授的对话。

从技术角度，移动互联已万事俱备，只欠企业重新构建端到端用户体验的想象力。与团队头脑风暴的时候，CEO需要引导大家更多观察和了解最终用户，识别用户痛点，再使用移动互联技术创新优化。

明确新的商业模式

解决用户痛点之后，CEO也要思考未来如何盈利、生意如何赚钱，重温严谨、求实这些以往家风。

在世界没其他公司像苹果一样在账上有3 000亿美元，每年有500亿美元现金流入增长，这明显与小米的模式不一样。奈飞与国内众多视频公司商业模式也不一样，依靠会员收费模式而不是广告。

作为公司CEO，必须明确未来的盈利模式——靠卖产品、服务、广告、交易佣金、增值服务，还是金融？

快速行动，在尝试中纠错

程维打算创业“滴滴”的时候，没有人觉得出租车互联网化的想法靠谱，认为司机不缺活、司机没手机……但是等到机会成熟的时候，已经没有机会了。京东刘强东也认为，

“做一个错误的决定比没有决定好。”

这意味着，企业只要方向清晰了，就要“夺命狂奔”。因为移动时代具有快速纠错的能力，数据可以帮助你判断业务是否走向正轨。一方面要从错误中学会举一反三，另一方面要降低失败造成的损失。

Supercell：全球发布前的国家测试

芬兰游戏公司Supercell在发布游戏前，开发团队都要在加拿大等市场进行小范围的市场测试，如果数据不达标就放弃，这样就有效降低了失败带来的损失；同时其CEO还会组织开发团队总结从失败中学到了什么，并送上香槟以示庆祝。

面对质疑声音，要有坚持的勇气

大多数公司会抵抗转型变革，尤其是传统行业，成熟业务还在赚钱，新业务前景不明，还在不停烧钱。在这种情况下，CEO一定要理解各种状况发生的前因后果，要保护新业务的成长，在面临挫折时给予支持。

华为：消费者业务的逆袭[①]

运营商业务起家的华为在2010年前开始力推消费者业务，消费者事业群CEO余承东在微博上频频和粉丝互动，风格高调，这和低调内敛的华为传统风格格格不入。他还大刀阔斧地砍掉了非智能手机，砍掉了90%以上的机型，大幅度地降低对运营商的依赖，使得华为终端业务的收入直线下降，而余承东花重金打造的Ascend D1、P1、Mate1等精品手机一开始也并没有取得很好的反响。一时间，华为内部撤换余承东的声音不绝于耳。

不过，任正非却坚决地支持余承东将变革进行下去，这样余承东才得以坚持将精品化、互联网化进行到底，到2015年底，华为消费者事业群的营业收入已经迈过200亿美元大关。

放眼长期，不断寻找倍增机会

CEO作为领军人物，必须管理好现有业务，因为它提供

---

① 冀勇庆，《带领华为手机实现深V反转 任正非是怎么敲醒华为人的》，载《中国企业家》，2015年6月25日。

现金流、收入、盈利，是安身立命之本；另一方面又要借助现有用户资源和技术能力探索新业务，因为它们可能是现有业务的10倍空间，潜力巨大。你要在哪些方面花时间？如果你的时间都在新业务，老业务怎么办？你必须坦诚分配时间。企业要创新和转型，CEO一定要投入足够的时间和精力到新业务中。

CEO需要引领企业看到未来，有远见地下注。富有远见卓识的CEO不为预算和短期压力所困，他心中的计划更大胆、更有野心、更有想象力。

贝索斯：1997年给股东的一封信

亚马逊CEO贝索斯在1997年写给股东的一封信提到了“专注长期、专注客户、专注基础设施”的经营理念。

在过去的近20年间，经历了2000年的互联网泡沫破裂和华尔街对亚马逊能否生存的长期质疑，贝索斯不为所动，坚持按照这三点行事，结果从网上自营书店成功转型发展为“一网打尽”无所不卖的电商、开发平台、物流服务商、国际化企业、云服务、数码化产品和内容提供者……

市场化网络组织的设计师

移动互联时代，企业组织形态在发生根本性的变化，要以“人”为中心，而不是标准化流程。

在科层制组织结构下，由于上层领导者拥有更大的权力，不可避免会出现“唯上”的文化，员工不敢驳斥上层领导的观点。诺基亚的失败就和各层人员惧怕高层领导、只敢报喜不敢报忧有密切关系。

在市场化网络组织里，倡导小团队在大平台上进行独立作战，通过市场机制实现网络连接，每个人要充分发挥激情和创造力，自主管理。

在这样的背景下，CEO核心职责是搭建内部生态圈，明确什么职责归平台，什么职责归业务团队，什么需要借助外部战略伙伴，如何促使团队、平台，或伙伴之间相互协作。CEO更重要的角色是制订内部组织生态的游戏规则，剩下的放手给不同团队自我驱动运作，依靠“无形的手”掌握全局动向。

CEO要放弃“凡事自己拍板”的权力欲望和“亲力亲为”的冲动，这是市场化网络组织中CEO首先要修炼的一课。

埃卡·潘纳宁："把自己变成最没有权力的CEO"①

Supercell，这家成立5年就估值55亿美元的芬兰的手机游戏公司在开发游戏的过程中，唯一一个能够推翻制作的便是团队自己，甚至连CEO都不能这么做。Supercell的CEO埃卡·潘纳宁认为："我的目标之一是，我要把自己变成世界上最没权力的CEO。我对自己以及管理层的定位是促成者，其作用是保证最优秀的人才能专注于他们的工作。"

埃卡·潘纳宁是如何做到的？主要是明确了如下几点游戏规则：

（1）只有顶尖的人才才能开发顶尖的游戏，每个职位只招聘最优秀的人才。

（2）让最贴近用户的开发团队自主决策，并明确决策标准，即游戏上线前的用户测试数据是否达到公司标准，如果达不到产品就要下线。

（3）消除失败的后顾之忧，为失败中获得的经验而庆祝。

---

① 《Supercell官方自传》，来自于Supercell官网；Supercell CEO 埃卡·潘纳宁媒体采访。

“梦之队”的打造者

百年老店通用电气长期信奉人才优先于战略的理念，有了优秀的人才，才会有优秀的战略，人才质量是商业成功的先行指标。

移动互联时代需要速度制胜，如果你比别人更早请到了更优秀的人才，你就会抓住时代的窗口期，进入更高规格的赛道，整个团队就会越来越强。

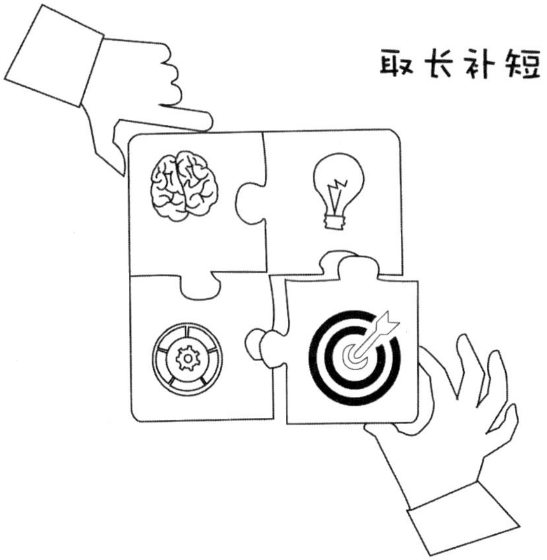

图 15–3　“梦之队”

在这个时代，不能等到公司变大才关注人才质量问题，CEO在创业阶段就应该把最主要的精力放在搭建一支“梦之队”上。

用组合方式强化决策能力

如果CEO在某一方面有突出的优势（例如技术出身的CEO），但是其他领域能力、经验存在明显的短板，短期难以快速弥补，就需要通过组合方式，强化领导团队的决策能力，当然这种模式成功的前提是决策团队之间要建立相互认可和充分的信任关系。

谷歌："创始人+CEO"的组合模式

谷歌在刚创立时，两位创始人拉里和谢尔盖都很年轻，缺乏管理经验。这两位技术天才避免了乔布斯在早期犯过的错误（乔布斯邀请的CEO最后把自己赶出了公司），坚持要同时具备技术背景和商业头脑的人来扮演CEO角色，以维护工程师文化。

埃里克·施密特同时满足了这两个条件，又有很高的情商，知道如何和创始人发挥各自优势，共同做出决策。他和两位创始人从2001年开始，通过创始人+CEO的模式共同管理谷歌。

一直到2011年，拉里不再需要“成人监护”，正式出任公司的CEO角色，埃里克·施密特退居董事长角色。

脸书：“创始人+COO”的组合模式

脸书创始人扎克伯格，很清楚自己在商业化、公司管理的经验短板。扎克伯格有非常清晰的招聘COO的标准，就是“只招那些觉得自己会愿意为他/她工作的人”。

当他决意邀请比自己大15岁的谢丽尔·桑德伯格担任COO时，就立即开始了“穷追不舍”，从2007年圣诞扎克伯格主动自我介绍开始，一直到2008年2月，两人就此事一共进行了约50个小时的谈话，每一次扎克伯格都要再问一遍桑德伯格：“你什么时候过来和我们一起工作？”①

事实证明，引领脸书从130人到现在的8 000人的过程中，桑德伯格的确成为了扎克伯格的良师益友，在把脸书建立成一个成功企业和“健康的组织”过程中，做出了不

---

① ［美］大卫·柯克帕特里克，《Facebook效应——看Facebook如何打造无与伦比的社交帝国》，华文出版社2010年版。

容小视的贡献。

让自己的核心团队没有短板

面对移动互联的转型，很多传统企业家也需要寻找不同人才，以补充团队在新领域的欠缺，比如更懂社交营销高手、大数据算法的技术大牛，理解新时代商业模式的CFO（首席财务官），以及打造生态圈的商务谈判高手。

滴滴CEO程维主张，一定要让自己的团队没有短板。他说："我们是百度的技术、腾讯的产品、阿里的运营、高盛的战略和投资，这样一个联合国部队。靠一个完美的团队去补上个人的短板。"①

找到技术专家，保护他们

管理大师拉姆·查兰认为，CEO一定要找到帮助实现数据化改造的技术专家："刚开始你只需要2~3人最核心的技术人才，这些人是计算机专业的，他们可能只有24~26岁。优步核心是3个人，空中食宿是3个人，苹果是2个人……他

① 《滴滴快的CEO程维的50条创业心得》，网易科技报道，2015年11月14日。

们必须向你（CEO）汇报，不是向其他人。”[①]

拉姆教授还提醒：“他们的行为很可能不同常人，他们会挑战企业现状，很多人会觉得很难适应，你要保护他们，这是CEO的工作。”

不断培养领军人物

短板要外部补齐，但是人才梯队的培养，尤其是干部的培养要以内部为主。华为从创业早期就高度重视干部选用育留管，干部储备非常充沛，形成了健康的造血机制。

市场化网络组织成功的一个关键要素是小团队领导者的能力，因此CEO应该长期坚持人才盘点，让高潜浮出水面，投入时间培养他们，给他们加速成长的机会。

自我驱动环境的缔造者

CEO的心胸和眼界往往决定公司的使命和愿景，个人的价值观往往决定公司的价值观。如何让员工的梦想与公司的

---

① 拉姆·查兰教授在杨三角学习联盟的演讲，2015年11月5日。

使命高度契合，使员工觉得公司就是实现自己梦想的舞台？如何提出有挑战性的愿景，激发大家不断攀登更高目标？如何创造一个大家忘我投入的工作氛围？这些都应该成为CEO的所思所做。

让员工热爱工作

移动互联时代，标准化工作将逐渐被机器人或算法取代，创造性工作将成为主流。和标准化工作不同，创造性工作的特点是工作本身充满乐趣，如何发挥工作的内在激励，成为新的挑战。谷歌董事长埃里克·施密特称呼谷歌人为“智慧的创新者”（Smart Creatives），他说：“你不能告诉他们如何思考，你需要管理的就是他们思考的环境，一种“智慧的创新者，愿意来的环境。”

对比硅谷公司展现出来的文化独创性、透明、平等和对人的尊重，中国公司差距巨大，还有非常多的CEO信奉“X”理论，只会使用“胡萝卜+大棒”的方式管理团队。营造适合创新的工作环境，意味着对人的假设要走向“Y”理论——员工能够自我约束，勇于承担责任，具有创造能力，有高层次的需求。

因此，CEO要花大力气带领团队定义可以激发自我实现需求的公司使命、愿景和价值观，同员工充分分享信息，对员工更多的信任和授权，鼓励他们自主决策。

重新思考绩效薪酬体系

对于创新性工作或者创业团队，CEO需要重新思考绩效薪酬体系，将重心从“考核”转向“发展”，为指引奋斗方向、鼓励而全力以赴：

目标设定的目的是指引全员奋斗方向，而不是博弈和限制员工视野。

在这过程中要不断、即时地对高管团队反馈、表扬和改进辅导，而不是按半年或年度周期。

绩效评估尽可能收集完整的信息再得出结论，让员工对薪酬分配产生信任，但是不要把大家的注意力过度放在“升官发财”的讨价还价上。

让员工像“小老板”一样思考和行事

移动互联时代，对速度和创新的要求需要CEO思考如何激发每个员工的创业激情，像“小老板”一样思考和行事，这需要建设一种“共担共享”的合伙人和创业激励机制。

在这个时代，最出色的CEO都是善于分享的激励大师。例如华为CEO任正非设计了“利出一孔，力出一孔”的员工持股机制，华为的凝聚力才强。万科总裁郁亮力推事业合伙人制度，倡导“投资自己的事业才是最好的投资”，这一机制让万科项目运作效率和回报能力得到很大提高。

本章小结

移动互联时代极大地考验CEO的领导力。CEO要从自我修炼开始，心态开放，拥抱变化，像海绵一样学习

移动互联时代CEO的四大角色：

- 战略转型的引路人
- 市场化网络组织的设计者
- 梦之队的打造者
- 自我驱动环境的缔造者

第十六章

在扁平化组织中创造新价值

——直线主管的定位和角色

未来管理经理的管理者都会消失，中基层80%的决策都会被自动算法替代。

——拉姆·查兰

2014年，海尔首席执行官张瑞敏在介绍海尔倒三角的组织变革时提到：“去年初海尔共有86 000人，到了年底变成70 000人，18%的人被裁掉了。今年预计再去掉1万人，（被裁掉的）主要是中层，还有就是业务智能化后多余的工人。”[①]

海尔案例预示着移动互联时代管理者遇到的危机，当组

① 李媛，《海尔裁撤2.6万指向“中间层”》，《新京报》，2014年6月18日。

织越来越扁平时，中层就会逐渐消失！谷歌在创业阶段甚至在质疑管理者是否有存在必要。

在这个时代，管理者该如何定位自己才能创造新的价值？

扁平化组织，管理者何去何从

中层的作用正在被侵蚀

在科层制组织下，高层掌握着决策权并指引方向，中层作为战术层，扮演上下传达信息、贯彻上级决策、监控工作进度的角色。

然而，到了移动互联时代，中层的作用正在被侵蚀。

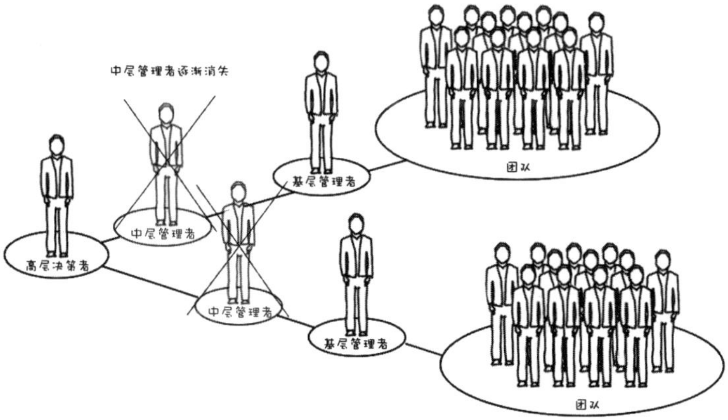

图 16–1　扁平化组织，逐渐消失的中层

第一，移动互联网很好地解决了信息沟通的问题。微信、钉钉、各种公司自主开发的App，快速完成了公司沟通、任务分配、信息反馈等功能，中层的上传下达作用正在被淡化。

第二，移动互联时代速度制胜，一些基层的创新和信息，到了中层就出现失真和滞后，为了拉近和用户的距离，提高对市场的响应速度，组织需要削减层级，变得更加扁平化。

第三，在市场化网络组织中，更加倡导精英小团队，倡导企业内部信息、数据共享透明，而小团队则责权利结合，自我驱动，倡导给贴近用户的员工充分授权、快速决策、快速行动，不再像科层制组织中，员工要花大量时间，通过层层上级开会和审批才能推进。

因此，在新时代，企业对只会做管控（如整天花大量时间开会、传递信息、写报告、看报告、做审批等工作）而不是直接创造价值的中层管理者的需求将越来越少。

京东："8150 原则"

"8150 原则"，京东创始人刘强东认为这是京东扁平化管理 12 万名员工的秘诀。

“从我到基层只有4~5层，这个原则保证我和基层员工的距离尽可能短。”

第一个数字是“8”，即一个管理者直接汇报下属不得低于8个人。在京东，不存在副总裁管两个总监。如果不够就合并，减少管理职位，否则管得太细。

第二个数字是“15”，即原则上管理人数不超过15个人。如果超过15人，管理者就会疲于奔命。只有超过15人才可以增加一个层级。

第三个数字是“50”，单一工种基层管理者（如分拣、打包），至少管理50人，超过50人才可以分出两个主管。

房多多[①]

房多多CEO段毅认为在移动互联时代，房多多一个管理者可以管15人，“15×15×15，那么只需要三级架构就能管理一个3 300人的公司。

房多多公司会议、文件全部用钉钉，发红包用微信群，段毅说:“有了这些工具，一个人管理半径可以很大。数据是

① 房多多CEO段毅在”杨三角学习联盟”的嘉宾对话，2015年11月5日。

用户来的，如果用户到达你的界面，用了你的产品，就可以通过数据管理你的员工，你不需要管理，而是支持。”

管理者定位的转变

我们认为，在移动互联时代，市场网络化组织将取代管控科层制组织并成为主流，管理者数量变少，主要包括高层、业务团队主管和平台主管三个角色。权力将进一步转移给精英员工。

在这样的背景下，管理者的定位和角色将产生三个变化：

第一，整体定位正在从“指令和管理”变为“教练和赋能”；

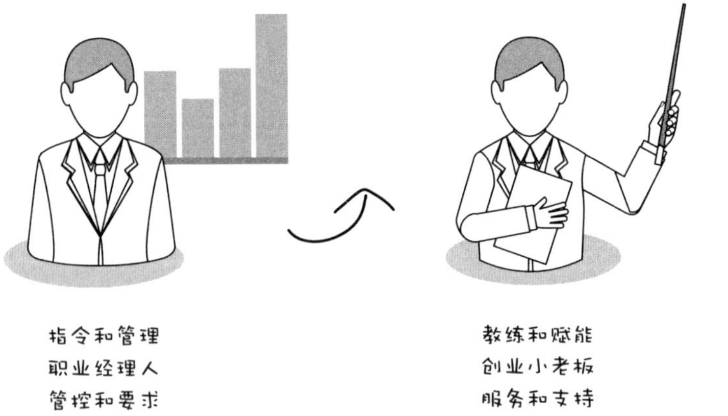

图 16–2　管理者定位的转变

第二，业务主管的定位从“职业经理人”变为“创业小老板”；

第三，平台业务主管的定位从“管控和要求”变为“服务和支持”。

整体定位：从“管理”转向“赋能”

创造性员工主要的驱动力是工作的快乐、创造带来的成就感和利益共享。对他们而言，监控、指令等方式并不有效。那么，直线主管如何才能有效管理创造性员工？

打造杰出团队

在移动互联时代依靠的是人才（而不是标准化流程），要确保团队的敏捷、活力、创新，直线主管（不是人力资源部门）必须对团队建设和管理扮演主导角色，打造精兵强将，点燃团队的激情和战斗力。

找到杰出人才（Buy）

谷歌董事长埃里克·施密特认为：“如果问一位管理者，你在工作中最重要的一件事是什么？正确答案应该是“招聘”。

他说的一点都不夸张，找到杰出的人才，后面的管理就会轻松很多。管理者做好招聘最不同的事情就是“准备”，成为好的面试官需要理解角色要求，阅读简历，最重要的事情是思考你面试的问题。

发展人才（Build）

美国著名网球教练、企业教练技术的创始人添·高威认为:“教练要把焦点放在自己的团队身上，以负责任的态度激发团队潜能，支持团队成长，并通过成就团队来成就自己。”

当权力更多转移到员工身上时，直线主管的工作就更像一位教练，给他们辅导，帮助他们找必要的资源支持，充分利用经营数据及时给予反馈指导。如果每个直线主管都能够把优秀的习惯传授给团队中的每一位队员，就会缔造卓越团队。

保留（Bind）和淘汰（Bounce）

移动互联时代还有两个特点，一个是明星员工创造的价值更大，另外一个是延迟淘汰的业务成本更高。

因此，直线主管需要重点管理团队的两端人才，一是深入理解明星员工的工作动机，及时了解他们心理状态，让他们感受到特殊的关怀和重视，防患于未然地管理离职风险；

另一方面，要克服心理障碍，用左脑理性决策，对于不合格的员工要及时淘汰。

主管必须公平，用数据说话，及时给予团队反馈。

点燃团队的激情和梦想

除了认同公司的使命、愿景、价值观，主管也应该带领团队找到自己的使命、愿景和价值观，特别是当企业规模越大和业务越多元化，小团队对员工的影响更直接，更能连接个人的梦想。

只要团队在三个方面的大方向与公司整体一致（至少不冲突），企业就可以容许一定的弹性。

京东

京东的电商、金融、智能硬件、国际化、京东到家等不同业务团队都有自己团队的个性化使命和愿景。

阿里巴巴

在阿里巴巴，所有业务团队都需要遵从公司核心价值观，但不同业务团队如B2B、淘宝、支付宝、阿里妈妈、中国雅虎等都可以展示不同的次文化。成为“阿里橙”，“橙核”都是一样，但不同业务单元表现出来的“橙皮”可以不一样。

业务团队主管：从“职业经理人”变为“创业小老板”

移动互联时代的外部环境如同战场，市场化网络组织中，业务团队将实行闭环管理，依托平台进行创业。业务团队主管不能再是一个专才，只管销售、产品或开发，也不是一个职业经理人，而是一个全才，更像一个创业小老板，能够在战场上独当一面。

俗话说：“将帅无能，累死三军。”假如主管战略思考和领导力不够强，团队成员就需要内部人才流通机制转到更优秀主管的旗下。在这样优胜劣败的内部竞争环境下，业务团队的能力必须经得起市场和业绩的考验，而不是靠职权就可以坐稳位子。

与平台主管比较，业务主管的素质、能力要求都不一样。一般而言，他们需要具备企业家的开拓创业精神、敏锐的商业判断能力，甚至更多的狼性，能带领团队在战场上拼搏。

另一方面，小团队的人、财、业务相关大部分的决策权将从高层转移给业务团队的主管。因此，他们应当是全才，需要懂业务，也要有财务和人力资源管理知识，能够对整体的损益表负责。例如，华为在推行项目型组织时，除了业务管理权，项目经理还拥有项目成员的管理和考核权力，以及预算范围内的决定权。

对业务团队主管独当一面的要求类似于传统模式下的事业部总经理，但是数量远远超过了事业部总经理。因此，开始推行业务团队的一个挑战是，大部分人才都在一个职能领域一条线成长起来，“专才”有余，“帅才”不足。解决之道就是让高潜力的人才通过责权利结合打造出来，用业绩说话，让优秀人才脱颖而出，他们的识别、培养和发展路径都应该与平台主管不一样。

平台主管：从“管控”转向“服务”

A16Z的投后平台

A16Z是近年来在硅谷异军突起的风险投资公司。这家成立于2009年的公司投资的独角兽公司数量已经仅次于红杉资本，排名第二。

A16Z的成功独特之处在于一支强大投后团队（平台团队），大概有100人，这些人对被投企业（战略伙伴或业务团队）提供招聘、公关、运营、法务等各种专业服务，提供服务的人全是各专业领域的资深人士，当投资公司遇到困难时，他们就可以提供强大的平台支持。这样，投资公司就可以更加聚焦在自己的产品和运营上。

在A16Z的平台上，有做过CEO的投资合伙人，也有专业经验非常丰富的运营合伙人，强调由真正懂的人来提供咨询和服务。这对市场化网络组织的平台主管来说有三个启示。

专业赢信任

在市场化网络组织中，平台的能力影响着业务团队的成功概率。如果平台的能力不强，业务团队被逼着自己做品牌营销、流量采购等活动，不仅造成资源浪费，而且专业性也不一定够强。

假如公司平台对业务团队创造的价值不是很大，没有让业务团队得到强而有力的支持，没有发挥公司的整体协同优势，导致与市场上的创业公司成功概率相差无几，实力较强的业务团队也可能选择离开公司自己创业。

在移动互联时代，当权力授予业务团队时，平台团队应通过提高参谋水准、服务能力让业务团队更加高效地创业。只有你的团队像A16Z的投后团队一样，足够专业、深度了解业务，业务团队才会认可你，愿意寻求你的帮助。

眼光长远、系统思考

在市场网络化组织中，平台还需要负责将通用的技术模块化、重复性的事情流程化，并将需要公司长远投资、打造核心能力、提供共享服务的事情集中管理。例如，阿里巴巴的大中台就聚焦在运营数据能力、技术能力、产品能力和后台底层技术架构等核心能力建设上。

这要求平台主管有长远的眼光、系统的思考力、对本专业领域的热爱以及“十年磨一剑”的钻研劲头，正如A16Z投后团队，每个人都在本专业领域力浸泡了很多年。很明显，所需要的素质、能力和领导风格与业务团队的主管不太一样。

服务而非管控

在管控科层制的集团化组织中，总部负责制定政策，并对业务单元进行控制。在市场化网络组织中，平台主管（尤其是后台部门）还有一个要避免的误区，就是不要把自己变成官僚的一部分，过于追求管控和流程/制度要求。

当权力授予业务团队时，平台主管和业务团队之间是建立市场化关系，像A16Z的投后团队一样，定位是服务而非管控——通过平台团队的能力，为业务团队提供良好的客户体验和高效专业的服务，帮助业务团队专注主业，提高胜率。

本章小结

未来组织将更加扁平，管理者数量更少，权力更多向精英员工转移，管理者定位正在从“指令和管理”变为“教练和赋能”

在市场化网络组织下，管理者的角色主要包括高层、业务团队主管和平台主管三类，其中：

- **业务团队主管**：定位要从“职业经理人”变为“创业小老板”
- **平台主管**：定位要从“管控和要求”，变为“服务和支持”

第十七章

“人才星探”+“产品经理”

——人力资源的定位和角色

真正的人力资源转型，将会进一步强化直线经理在打造组织能力和人才队伍方面的责任。

——戴维·尤里奇

移动互联时代显然是一个以“人才”为中心的时代——创造性人才成为主流，人成为商业成功最大的变量。显然，这是一个人力资源可以大展拳脚的契机，也是人力资源需要重新定位和转型的时代。

在这个新的时代，人力资源的定位和角色会发生哪些变化？

大展拳脚之前，做些什么

拥抱趋势，重新检视自己的工作

人力资源的定位之争远未结束。不少公司和管理者依然认为人力资源是官僚主义的象征。

然而，真正卓越的人士往往挑战现状并高瞻远瞩。业界顶尖的CHO（首席人力官），从通用电气的比尔·康纳狄到谷歌的拉斯洛·博克，都让人们体会到卓越的人力资源部门带来的卓越价值，前者让杰克·韦尔奇坚信“人力资源负责人在任何组织中都应该是第二号人物”，后者让大家看到人力资源领域的创新潜力。

关键是人力资源本身能否拥抱新趋势，重新检视自己工作，做好直线经理赋能工作，而不是被业务部门或员工诟病为官僚部门，或者CEO认为可有可无的部门。

创新之前，基础工作仍要做好

很多人力资源想从事创新的、高价值的工作，但是有心无力。

移动互联时代速度制胜，企业的规模扩张很可能是火箭式的，招人和发薪的事就足够让很多公司的人力资源手忙脚乱。在“重要”和“紧急”的事情面前，人力资源总是被迫选择“紧急”的事情。

CHO要尽早思考一套可延展（Scalable）的人力资源运作模式，将事务性工作（如发薪、社保、入离职手续等）和增值性工作区分处理——前者是一个IT化的模式，将事务性工标准化、流程化、集中处理，并提供界面友好、整合易用的IT工具（移动端是趋势），让员工服务质量越来越好，运作效率越来越高；后者则是一个精英人力资源模式，根据业务需求，配置能力出色的人力资源，深入业务，影响业务。

这种模式有助于人力资源摆脱事务性工作的羁绊，专注高价值、创新性的工作。近年在国内兴起的人力资源三支柱模式（业务伙伴、领域专家、共享服务中心）就是这个思路。

人力资源的定位变化和角色变化

定位变化

然而，现在在业界广泛实践的人力资源体系是配合科层制组织发展出来的，体系上很强调流程、标准化体系和一致性，导致对流程执行的关注高于对人才的关注。在移动互联时代，人力资源要非常注意不要让自己成为官僚主义的一部分，定位要从“流程驱动”（Process Driven）转为“人才驱动”（Talent Driven）。

角色变化

在这个基础上，我们认为移动互联时代的人力资源角色会产生如下变化：

角色 1：人才星探和人才教练，帮助业务主管找到杰出人才，挖掘人才潜力。

角色 2：人才数据分析师，基于数据，帮助业务主管提升人才决策质量。

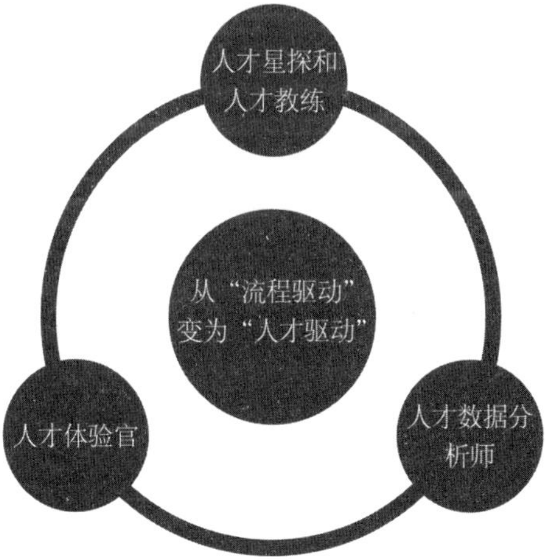

图 17–1 人力资源角色的变化

角色 3：人才体验官，像产品经理关注用户体验一样关注候选人和员工体验。

人才星探和人才教练

奈飞公司人力资源的两个角色

奈飞公司信奉人才密度，认为应对成长带来的复杂度，有效的方式不是流程，很多公司希望通过流程减少混乱，结果无法适应市场变化成为明日黄花，因此必须持续提升人才密度，通过高效能人士抑制混乱的产生。

人才密度的提升一方面通过招聘顶尖人才实现，另一方面通过激发人才潜力，因此将所有的人力资源事务性工作（如发薪、福利、合规等）放到共享服务中心，由财务部门统一管理后，奈飞公司的人力资源只有两个角色——人才星探和人才教练。这两个角色对于理解人力资源在移动互联时代的工作重点，有很好的启发。

人才星探

“星探”一词最早出现于演艺界，类似于伯乐，专门挖掘有明星潜力的人。移动互联时代，招聘作为人才的入口环节，几乎变成最重要的人力资源工作了。由于真正优秀人才都是被动工作寻找者，业务主管并不容易找到，即使找到，也是有限和零散的。这就非常需要人力资源发挥星探作用，有效开拓和经营招聘渠道。

一方面，人力资源要搭建好员工伯乐的渠道，因为用好这个渠道通常可以带来一半的优质人才；另一方面人力资源还要像一个精品猎头公司一样，挖掘人才聚集的目的地，主动收集目标企业的人才信息，绘制人才地图，参加专业论坛

图 17–2 人才星探

或社区，认识、持续接触该领域的顶尖高手，识别他们的特点，理解他们的状态，并采取定期会议的方式，和业务主管讨论人才在哪里，他们的需求是什么，以及人才猎聘的策略。在谷歌，有一个上百人的、集中运作的招聘团队，每年有一半获得录用的谷歌人就来自于这个渠道（另外一半是员工推荐）。

人才教练

移动互联时代，权力正在向精英团队转移，管理者的角色将越来越少依赖职位赋予的权威，领导力显得尤为重要。从盘点、发展、保留到淘汰，人力资源的重点不是流程的管控，而用坦诚之心和鞭辟入里的分析帮助他们成为更有效的领导者，这需要充分的信任以及对每个人才的充分了解。

比尔·康纳狄：赢得所有人信任的秘诀

通用电气前高级人力资源副总裁比尔·康纳狄就是通过这种方式把人力资源部门变成了一个商业战略部门，他有效运营通用电气的接班人制度，并专注于领导力的持续开发。通用电气前CEO杰克·韦尔奇这样描述康纳狄："非常神奇的一点是，他有办法获得所有人的信任。高阶经理人和工会成员都同样尊敬他。”为什么可以做到？

一方面是因为他领导的人力资源团队对关键人才的了解就像家人一样，在C会议中，他们的观点得到充分的尊重，因此可以和管理层一起制定人才管理决策。

另一方面是因为他可以站在一个中立的立场上，能够坦诚地指出管理层存在的错误。康纳狄认为：“一旦人资主管和CEO完全站在同一阵营，他就失去了组织内其他人的信任，再也不会有人与他推心置腹。”他经常率直地指出伊梅尔特的错误，这样的表现反而赢得了老板的信赖。伊梅尔特表示：“康纳狄是我真正的朋友，只有他敢在必要的时候走进我的办公室，指出我错在哪里。”

人才数据分析师

杰出的商业结果是由一个个正确的决策带来的。数据在战略、营销、研发、信息技术、财务等领域都对改进决策发挥了重要作用，人力资源也应该像数据分析师一样，从数据和事实分析中获取价值，提供前瞻性的业务洞察。

令人遗憾的是，大多数公司的直线主管都是依靠直觉来制定人才决策——当他们做财务决策时，可以使用数据和财务报告，但是当做有关公司最重要的资产“人才”的决策时，却没有类似的工具。

大家可能会问：“数据难道比直觉更重要吗？”对于这个问题，我们可以用网上购物做个类比，你很可能一眼就看上了一个店家的产品，但是下单后可能惴惴不安；当你分析了店家月销笔数及好评率等数据后，你就会对自己的决策非常有信心了。

谷歌：用数据帮助直线经理减少决策偏差①

在谷歌，几乎每一个和人有关的决策都是基于数据。对于“人力资源更多是艺术而非科学”这个问题，谷歌的人力运营资深副总裁拉斯洛·博克回答说：“在决策制定过程中，可能会涉及非常复杂的情感、判断、偏见和歧视等因素，你不需要也很难改变决策者的特质，你能够做的是尽可能帮助决策者减少决策偏差。”

① CEB’s interview to Laszlo Bock, SVP People Operations at Google.

一个典型的例子是数据分析改变了招聘决策。几年前，谷歌一个录用决策平均历时 6 个月，进行 14~25 轮面试，这个问题引发了人力资源团队的思考，该方法对于招聘到合适的候选人真的奏效吗？分析团队重新审视了相关数据（包括候选人面试的次数，面试中如何被测评，候选人是否被录取，以及录取后的绩效结果等）发现：无论招聘什么人，只需要 4 次 30 分钟的面试就能够使面试预测达到 90% 的置信度，此后每增加一次面试，只能提高 1% 的预测精度。因此，谷歌制定了一项政策，在组织面试时，只允许 4 次面试，如果需要额外增加面试次数，需要得到审批，这一决策在保证人才录用质量的同时，节省了大量的时间。

谷歌还强调，当你能够通过数据预测未来时，数据是最有用的，而最简单的预测方式就是通过分析来推测你认为的事情是否会发生，比如离职率分析，谷歌对离职率的分析不仅仅简单预测“下一年的离职率将是多少”，而是推测出“下一年市场将会发生什么，哪类群体的离职风险比较大”，从而有针对性地进行人员管理和运作。

人才体验官

诸葛亮说，“凤翱翔于千仞兮，非梧不栖。”为了栽得梧桐，引凤来栖，那些勇于创新的人力资源正在像产品经理看重用户体验一样看重候选人和员工体验。

候选人体验

移动互联时代，对“杰出人才”的争夺将异常激烈，雇主口碑决定了对人才的吸引力，而工作环境则有助于发挥工作的内在激励。因此，人力资源需要特别关注候选人的体验，需要了解候选人的反馈，不断优化流程，还要培训好面试官，在面试过程中充分体现对候选人的尊重，观察他们为公司工作的兴趣。例如：如果这个人是企业想要的人才，两个动作可以大大提高职位接受率，一个是带候选人参观一下办公室，另一个是找一个类似背景的人分享在企业的成功故事。

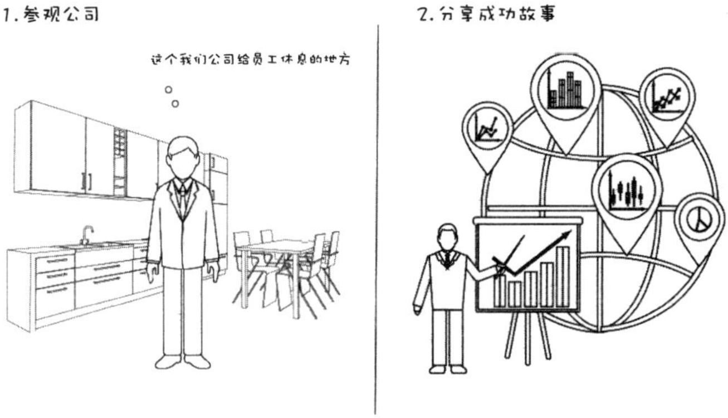

图 17–3 候选人体验

谷歌如何改进候选人体验[①]

常年霸占全球最佳雇主榜首的谷歌使用一个叫VoxPop工具来了解候选人对面试流程的看法，并根据反馈进行调整。这些调整包括组织办公室参观、提供午餐、给予面试者5分钟提问及缩短差旅报销时间等。

通过这些改进，80%参加面试并被拒绝的候选人都会继续推荐他们的朋友到谷歌工作。对于希望录用的人才，谷歌非常强调提供一个加入的理由，包括阐述清楚为什么他

① Laszlo Bock, Work Rules!: Insights from Inside Google That Will Transform How You Live and Lead, *John Murray*, 2015.

将从事的工作非常重要，让他体验会和什么样的人一起工作等。

员工体验

为了更好发挥工作的内在激励，保留创造性人才，工作环境正在变得更加透明、灵活、令人舒畅。工作的外在激励，如工资、奖金、股票等在业界基本有约定俗成的做法，且出于保密特性，不宜公开沟通，但是工作环境可以高度创新，广泛传播，从而以较低的成本起到很好的吸引和保留人才的效果。

员工对工作的体验正在变得如此重要，以至于空中食宿在 2013 年招募了人力资源界资深人士马克 · 李维担任新设“全球员工体验负责人”的职位，他把传统的诸如人才发展、招聘等人力资源职能，与市场营销、工作场所运营、企业社会责任和传播等职能相统一，体现该公司“工作也是一种体验”的管理哲学。

腾讯：以产品经理的思维创新人力资本管理[①]

腾讯人力资源高级副总裁奚丹认为，“应该以产品经理的思维创新人力资本管理。”人力资源可以从产品经理那里学到的精髓包括：

（1）用户画像（真正了解员工的需求）；

（2）用户参与（与员工共同决策）；

（3）敏捷迭代（变快+容忍缺陷/风险）。

以福利为例，如果福利的设计让员工充分参与决策，就可以发挥“粉丝营销”的效应。如奚丹所说，在腾讯，福利的设计众口难调，员工一旦不满，就在BBS（论坛）上吐槽。因此，需要努力做到“信息公开透明”，秉持“员工比我们聪明”的理念，非重大原则问题，“把决定权”交给员工；另外，人力资源像产品经理一样，通过分析这些吐槽，持续迭代，改进员工体验，这些体验会让现有员工不愿意离开腾讯，让离开的同事想回来。

---

① 李波，《腾讯奚丹——以产品经理的思维创新人力资本管理》，来自杨三角微信。

本章小结

人力资源定位：从“流程驱动”转为“人才驱动”

人力资源的三大角色：

- **人才星探和人才教练：**帮助业务主管找到杰出人才，挖掘人才潜力
- **人才数据分析师：**基于数据，帮助业务主管提升人才决策质量
- **人才体验官：**像产品经理关注用户体验一样关注候选人和员工体验